ein Winterbuch

FRIEDENAUER PRESSE

Soazig Aaron

Klaras NEIN

Tagebuch-Erzählung

Aus dem Französischen von Grete Osterwald
Mit einem Vorwort von Jorge Semprun

Friedenauer Presse Berlin

Vorwort

Bald wird es keine Zeugen der Vernichtung mehr geben. In einigen Jahren wird es keine direkte – persönliche, körperliche – Erinnerung an die Erfahrung des Todes in den Nazilagern mehr geben.

Sogar die jüdische Erinnerung – die längste und dauerhafteste Erinnerung an diesen Tod, weil jüdische Kinder mit ihren Eltern deportiert worden sind; weil diese Tatsache selbst eine der schrecklichen Eigenarten der jüdischen Erfahrung der Vernichtung ist –, sogar das jüdische Gedächtnis wird als persönliches Gedächtnis bald versiegt sein.

Bald wird uns niemand mehr sein Erlebnis des Todes in den Nazilagern berichten können.

Niemand wird mehr versuchen können, uns zu sagen, was der Rauch der Nazikrematorien über den Ebenen und Hügeln des alten Europas bedeutete.

Es wird gelehrte Arbeiten geben, gewiß.

Historiker, Soziologen werden ihre Forschungsergebnisse über diese Periode des 20. Jahrhunderts veröffentlichen. Die Untersuchung des Naziterrors, seiner Organisation, seiner bürokratischen Aspekte, seiner Absurdität wird noch vertieft, verfeinert werden.

Das ist sicher nötig, aber reicht es aus?

Ohne die Bedeutung der historischen und soziologischen Arbeiten zu unterschätzen, kann man schon jetzt behaupten, daß sich das kollektive Bewußtsein, das konkrete Wissen um die Vernichtung verändern werden, wenn es keine Zeugen mehr gibt, wenn die lebendige Quelle der Erinnerung versiegt ist.

Sie werden sich qualitativ verändern, auf dramatische Weise.

Wenn die Zeugen verschwunden sind, wenn das persönliche Gedächtnis versiegt ist, wird die Vernichtung kein Erlebnis mehr sein, dessen existentieller Inhalt und subjektive Eigenheit bisher durch schriftliche oder mündliche Zeugnisse übermittelt worden sind.

Die Vernichtung wird nur noch eine historische Gegebenheit sein, faktisch erwiesen, aber entfremdet in der objektiven Kälte der Wissenschaft, außerhalb des Bewußten.

Es sei denn…

Es sei denn, daß die Romanschriftsteller, die Dichter der neuen Generationen den Mut finden, sich an dieses Gebiet der vergangenen Realität heranzuwagen, die unerschöpfliche Wahrheit der Vernichtungserfahrung mit den Mitteln der Fiktion herauszuarbeiten.

Die einzige Möglichkeit, die Erinnerung an die Vernichtung durch die Nazis lebendig zu halten und zu erneuern, hängt davon ab, ob im Lauf der kommenden Jahre kühne und bescheidene literarische Werke erscheinen – kühn in der Erfindung oder der getreuen Rekonstruktion der Wahrheit; bescheiden in der peinlichen Beachtung des Wahrscheinlichen; Werke, die es wagen, sich dieser erschütternden Herausforderung zu stellen.

Seit Jahren bin ich von dieser offenkundigen Notwendigkeit überzeugt.

Ich weiß wohl, daß es zahlreiche Kritiker, Verleger und Spezialisten gibt, die anderer Ansicht sind; die glauben, daß nur Zeugen das Recht haben, von der Vernichtung zu sprechen, daß es eine Art Schändung der Erinnerung wäre, wenn man Dichter und Schriftsteller sie sich zu eigen machen ließe.

Aber was immer sie meinen und so sehr sie sich für Tempelwächter halten mögen, sie begehen einen arroganten und groben Fehler.

Vor allem verurteilen sie die Erinnerung an die Vernichtung, sie akzeptieren ihr konkretes Verschwinden, sie kapitulieren vor dem biologischen Versiegen des Gedächtnisses. Oder aber sie sperren es in eine Art Ghetto: Sie sterilisieren es durch Heiligung.

Aber dieses Gedächtnis ist universell. Es hat die Rechte des Universellen: das Recht auf Leben, auf Erneuerung, auf die unerhörte Wahrheit.

Seit Jahren schon, sagte ich, bin ich überzeugt, daß ein Eingreifen der Fiktion, kühn und bescheiden, in unser Gedächtnis der letzten Zeugen notwendig ist.

Ich wartete auf einen konkreten, erzählenden Beweis für diese Möglichkeit. Ich wartete auf diesen Augenblick der Wahrheit im europäischen Roman, auf diesen Wahrheitsbeweis, wie die Filmkunst ihn bereits so eindrucksvoll geliefert hat.

Klaras Nein von Soazig Aaron ist der Roman, auf den ich gewartet habe, das erste starke, unvergeßliche Zeichen der Kraft eines fiktiven literarischen Versuchs, sich an die kühne und bescheidene Rekonstruktion unserer innersten Erfahrung der Vernichtung zu wagen, die auch ihre Rettung ist.

Wir können ruhig sterben: Unsere Stimme, die Stimme der Zeugen, wird in dieser wunderbaren Fiktion weitergegeben und bewahrt.

Jorge Semprun

Für Morgan
Für Yann

Man muß viel gesagt haben um schweigen zu dürfen.

Robert Pinget, *Tintenkleckse*

Sonntag, 29. Juli 1945

Klara ist zurückgekehrt. So, da steht es, geschrieben. Ich muß es schreiben, damit es wirklicher wird und um daran zu glauben. Seit drei Tagen gibt es nichts mehr, dessen ich mir sicher bin. Klara ist zurückgekehrt. Dieses Heft aus schlechtem Papier ist von der Vorsehung geschickt... sonst geht alles unter, gehe ich unter.

Wir reden, ja. Wir reden. Zu zweit, zu dritt.

Alban, ich.

Klara, ich.

Alban, Klara.

Alban, Klara, ich.

Dennoch. Mir entzieht sich alles.

Klara ist zurückgekehrt. Unter den letzten. Klara ist zurück.

Klara, Klara, Klara.

Dieser Name, der wieder und wieder gesagt werden muß, um zu wissen, daß es tatsächlich Klara ist, die Freundin Klara, meine Freundin Klara, Klara, die Frau meines Bruders, Klara, die Mutter von Victoire.

Seit Freitag sind wir abwechselnd bei ihr, Alban und ich, hier, in der Rue Richer. Sie weigert sich, Victoire zu sehen, ihre kleine Tochter, und auch Agathe, die Victoire im Juli 42 gestillt und gerettet hat.

Es ist wie eine dicke Scheibe zwischen uns. Nicht, daß sie unsinnige Dinge sagte, und doch ist etwas Wahnhaftes um sie. Mal spricht sie schnell, mal langsam, in ausdruckslosem Ton. Keine Sekunde ist sie ruhig, obwohl ihre Stimmlage immer eintönig bleibt. Sie traktiert das Kissen in der Sofaecke oder läuft durchs Wohnzimmer, sie sitzt nie still.

Seltsam, daß ich Donnerstag im Lutétia vorbeigeschaut habe. Es gab nicht mehr viel Hoffnung, fast alle sind zurück, aber ich war gerade in der Nähe der Rue de Sèvres, ich habe mir gesagt, ich schau mal rein, man weiß nie. Inzwischen glaube ich auch, daß ich noch lange hingegangen wäre, wenn ich keine Gewißheit über Klaras Schicksal bekommen hätte. Ich hatte unsere Adresse, die Telefonnummern, Klaras Namen und ein Foto von ihr hinterlassen, doch um mein Gewissen zu beruhigen ging ich regelmäßig vorbei, und sei es nur, um andere zu treffen, die sie hätten kennen können. Das machen viele, immer noch hoffend, und alle sagen sich »man weiß nie«, und ich, ich sagte es auch.

Als ich die Halle betrat, habe ich aufgehört zu denken. Ich habe es gespürt, Klara war da… sie ist da. Ich sehe sie nicht, aber sie ist da. Ein komisches Gefühl. Fliegende Hitze kommt mich an, das Herz pocht, die Hände zittern, ich kann sie nicht stillhalten. Das kennt jeder.

Nur zwei Frauen sitzen in der Halle, und ein junger Mann steht da, ein seltsames Kerlchen in schlotterndem Jackett, bis oben zugeknöpft, die ziemlich verknautschte schwarze Hose fällt über Bergsteigerschuhe und ein ganz kleines rotes Köfferchen dazwischen. Neben ihm, auf dem Boden, eine Art schwarzes Tier, ein schlafender Hund. Der Junge hat sehr kurzes blondes Haar, er hat hohle bartlose Wangen und riesige Augen, oft haben sie große Augen. Jedenfalls sehen mich diese großen Augen an, fixieren mich vielleicht schon eine Weile. Es ist Klara. Sie regt sich nicht. Ich erinnere mich an ihre Augen. Starr. Alle sagen die Augen, es sind die Augen, etwas in den Augen, was man wiedererkennt. Ich glaubte es nicht. Alle, die ich gesehen habe, wie sie zurückgekommen sind, die in schlechter Verfassung waren, die man eben nicht wiedererkennt, sie alle haben leere Augen, leer, so leer, daß sie vor lauter Leere tief erscheinen. Dann weiß man nicht mehr.

Vielleicht hat es lange gedauert. Ich erinnere mich, am Fußboden zu kleben, an nichts zu denken. Meine Beine müssen die nötigen Schritte getan haben, um sie in die Arme zu nehmen, sie ist ganz steif, läßt sich von mir umarmen, ich tue es nur einmal, ihr ganzer Körper sagt nein.

Ich muß Klara sagen, Klara, das ist alles. Es könnte töricht sein, lächerlich sogar, ich kann mich täuschen und er, der junge Mann, nichts sagen, mich für verrückt halten. Ich habe keine Zeit, darüber nachzudenken, denn Klara sagt, »guten Tag Angelika, wie geht es dir«. Ihre Stimme ist rauh. Ich erinnere mich an ihre sanfte Stimme, die sanfte Klara, die dickköpfige Klara, aber sanft.

Während ich schreibe, höre ich sie im Wohnzimmer gehen. Sie glaubt, daß ich schlafe. Sie selbst schläft nicht. Ab und zu legt sie sich aufs Sofa, döst die eine oder andere Viertelstunde, dann kommt eine Art Schrei, nicht sehr laut, und sofort fängt sie wieder an zu wandern. Trotz des Flures, der zwischen uns liegt, höre ich sie. Der Boden ist zu hellhörig, ich werde Teppiche vom Trocadéro herbringen. Im Raum neben dem Wohnzimmer will sie nicht bleiben, auch von meinem Zimmer, wo es ruhiger ist als zur Straße hin, hat sie nichts wissen wollen.

Ich habe mir nichts vorgestellt, ich bin nicht vorbereitet, sie ist da und sie hilft mir nicht. Meine Hände zittern und ich fange an, mit den Zähnen zu klappern. Auf einmal bückt sie sich, um den kleinen roten Koffer und den Hund zu nehmen. Es ist ein dicker schwarzer Mantel. »Gehen wir«, sagt sie. Ihre Stimme ist tonlos oder vielmehr ohne Schwingungen, ich bin verloren. Dennoch sage ich, »man muß Bescheid geben, am Empfang sind Dinge zu erledigen«. Sie, »scheiß drauf, die haben mich genug getrietzt«. Ich weiß, ich spüre, daß es nicht die Klara von vorher ist, aber angesichts so viel… wie soll man es nennen? Ungeniertheit, Gleichgültigkeit, Groll, von allem etwas sicher, reiße ich mich zusammen und sage, wie ich es sonst gesagt hätte, »warte draußen, wenn du magst, ich kümmere mich darum«.

Sie geht hinaus. Ich finde jemand, dem ich erklären kann, daß ich Klara Schwarz-Roth mitnehme, daß sie meine Schwägerin ist, daß wir, Doktor Naël und ich, Solange Blanc, unsere Kontaktadresse hinterlassen haben, seit Monaten schon, und daß wir nicht verständigt worden sind. Das Mädchen sucht sämtliche Listen durch, ohne Klaras Namen zu entdecken, sie sieht unsere Namen, aber nicht Klaras. Ich gehe hinaus, das Mädchen folgt mir auf den Fersen. Klara blickt in Richtung Boulevard, ich sage, »dein Name ist nicht zu finden, Klara«. Sie wendet nicht einmal den Kopf, sie sagt, »Sarah Adler«. Das Mädchen sagt, »ach, das sind Sie!?« Ich kehre mit dem Mädchen zurück, wieder kommt die Liste auf den Tisch und Sarah Adler ist dabei. Ich bin etwas verlegen, aber nicht allzu sehr, ich muß fast lachen, weil ich Klara die Schultern zucken sah, als ich mich eben zu ihr umdrehte, und das finde ich komisch. Dieses Zucken haben wir 38 zu dritt immer geübt, um wie echte Franzosen zu wirken.

Das Mädchen sagt, »ich glaube, sie ist nicht ganz einfach«. Ich antworte, »aha! also gut… seit wann ist sie hier?« Im Eintrag steht Montag, 16. Juli, sie kommt aus Auschwitz, aber es reimt sich nichts bei ihr, normalerweise hätte sie mindestens seit zwei Monaten hier sein müssen, sie ist nicht sehr kooperativ, und wenn sie obendrein gelogen hat, was ihren Personenstand betrifft, ist das auch nicht gerade hilfreich. Ich sage, »es ist der Name ihres Vaters, nur der Vorname ist falsch, wenn man überhaupt so sagen kann. Ich kenne Sie nicht, aber im April und im Mai war ich selber hier, als Freiwillige wie Sie, und Doktor Naël kommt immer noch so oft er kann für die Erstuntersuchungen her. Klara ist keine Simulantin, sie wird ihre Gründe haben, Sie wissen ebenso gut wie ich, wie sonderbar sie sind.« Das Mädchen hat sich entspannt. »Mehr kann ich Ihnen nicht sagen, vielleicht eine Kollegin, die den Fall besser kennt. Aber irgendwie muß die Geschichte schon geklärt werden, verstehen Sie, wegen der Papiere, der Identität und dem ganzen Kram, um zu wissen, was sie für Rechte hat.« Ich verspreche es.

Alban wird morgen hingehen, Klara will nichts tun.

Ich gehe wieder zu ihr. Sie hat sich nicht gerührt, den kleinen roten Koffer und den Mantelhund zu ihren Füßen. Ich sage, »entschuldige, Klara, aber das mußte gemacht werden. Jetzt nehmen wir ein Taxi und fahren nach Hause, fühlst du dich gut? Soll ich dir tragen helfen?«

Sie: »Nein. Ja es geht. Was ist das für ein zu Hause, du wohnst nicht mehr wie vorher.«

Ich: »Warst du in der Rue Richer?«

Sie: »Ja. Es war niemand da. Die Dinger vor den Fenstern waren geschlossen.«

Ich: »Ich wohne mit Alban und Victoire am Trocadéro. Victoire ist groß geworden, ein reizendes Kind, sie wird dir gefallen, ich bin sicher.«

Der Boulevard ist schon erreicht, sie geht tapfer neben mir, es sind kaum Leute auf dem Bürgersteig, auf dem weichen Schotter machen ihre Schuhe platsch. Sie bleibt schlagartig stehen. »Nein ick fill nich.« Eben jetzt, in diesem Moment, höre ich wieder Klaras Akzent – sie hat ihn nie verloren, weder auf französisch noch auf englisch –, und ihre langsame Sprechweise, an die ich mich nicht erinnere. Um abzuwarten, und weil ich glaube, daß sie eine Sprachschwierigkeit hat, sage ich, »sollen wir lieber Deutsch reden?« Sie sagt, »nein, auch das nicht, nie mehr, und ick fill das Kind nich sehn«. Sie setzt ihr kleines rotes Gepäck mitsamt dem Hund wieder ab. Sie tut keinen Schritt mehr und schüttelt energisch ihren Vogelkopf, es bleibt bei nein, nein, nein, ick fill dies Kind nich sehn.

Eine Entscheidung ist nötig, Klara hat sich ganz in Ablehnung verschanzt. Sie macht mir Angst, weil das nicht mehr Klara ist. Ich muß mich auch gewöhnen. Ich sage, wir sollten ins Café gehen, um zu reden, und daß es ihr gut täte, etwas zu trinken und etwas zu essen. Das müsse sein. Es muß, es muß, es muß. Wie viele Muß werde ich von nun an produzieren!

Ich wähle einen unauffälligen Platz hinten, ich fürchte die Blicke auf Klara, sie wirkt so seltsam.

Klaras erste Worte im Café.

Klara: »Siehst du, ich bin zurückgekehrt.«

Ich: »Es ist einige Zeit vergangen. Drei Jahre.«

Sie: »Siehst du, man kehrt zurück... seit März ziehe ich durch die Gegend... Ich war in Kraków, in Praha, in Linz, in Berlin und in ganz Deutschland wo ich konnte, eine Rundreise durch meine Heimat. Die anderen hatten es eilig mit der Rückkehr, ich nicht. Sie finden ein Land wieder, ich habe meines verlassen, ein letztes Mal. Jetzt bin ich hier.«

Ich: »Seit einer Woche, hat mir das Mädchen vom Lutétia gesagt. Warum Klara?«

Sie: »Ich wußte nicht, wo du warst, ich wollte Paris allein wiedersehen, man braucht Zeit. Jeden Nachmittag war ich eine volle Stunde in der Halle, dann bin ich gegangen. Heute blieb mir ungefähr noch eine halbe Stunde...«

Ich: »In der Rue Lafayette ist Agathe, da ist auch deine Wohnung. Agathe hätte...«

Sie: »Nein.«

Ich: »Willst du Agathe auch nicht wiedersehen!?«

Sie: »Nein.«

Ich: »Das wird hart, das alles...«

Sie: »Sag ihr, daß ich immer noch ihre große Sicherheitsnadel habe, schau.«

Sie zeigt mir eine Sicherheitsnadel auf der Innenseite ihrer Jacke unter dem Kragen.

Ich: »Drei Jahre lang?«

Sie: »Ja. Sie hat für jeden Zweck gedient, sag ihr das, und ein letzter Satz, das erzähle ich dir später, etwas sehr Schönes, sag ihr das, aber ich will sie nicht sehen.«

Ich: »Und Victoire, was sollen wir machen, Klara? Sie ist ein hübsches und fröhliches kleines Mädchen. Du kannst dir nicht vorstellen, wie niedlich sie ist, wie drollig, ein richtiges Plappermaul, ein süßes Kind, Klara, sie spricht sehr gut, ganz blond und lockig, genau wie du es warst…«

Sie: »Victoire heißt sie…«

Ich: »Ja, ich habe Vera geändert, zehn Tage danach habe ich sie auf meinen Namen gemeldet… unter meinem neuen Namen, Blanc, und Alban hat sie auch anerkannt, für alle Fälle. Albans Eltern haben uns damals die Wohnung am Trocadéro überlassen, Avenue Henri-Martin, weißt du, das war sicherer. Sie selbst sind aufs Land gezogen.«

Sie: »Victoire, das ist gut… Ich hatte gesagt, wer leben wird, wird sehen, *qui vivra verra*, und ihr Name war *Véra*… und ihr, Victoire… wer leben wird, wird siegen… das ist gut. Aber ich, ich bin tot, und dieses kleine Mädchen hat Eltern. Sie hat Glück. Man darf niemandem sein Glück verwehren.«

Ich: »Würdest du zu uns kommen, Klara? Victoire ist bei Agathe. Heute abend könnten wir es so machen.«

Sie: »Ja… wenn das Kind nicht da ist, komme ich mit, sonst gehe ich wieder ins Hotel. Die Möglichkeit besteht, und es hat keine Bedeutung.«

Während des Gesprächs kommt der Kellner, um die Bestellung entgegenzunehmen.

Klara: »Ich will Kaffee.«

Ich: »Ja bitteschön, Herr Ober, einen Kaffee bitte, und für mich das gleiche.«

Nach einigen Schwierigkeiten gelingt es mir, Alban im Dienst ans Telefon zu bekommen.

Ich versuche hier, die Geschichte in aller Ruhe aufzuschreiben, um meine Gedanken etwas zu sortieren, aber das ist nicht einfach, denn in Wirklichkeit gab es so viele Dinge, die ich alle gleichzeitig im Kopf hatte. Victoire war ein dicker Brocken, aber auch Rainer, immer gegenwärtig. Die Situation war so heikel, daß ich mich nicht fragte, warum sich Klara mit keinem Wort nach Rainer erkundigte. Das hätte mir merkwürdig vorkommen müssen, ich dachte Rainer, die ganze Zeit Rainer im Hinterkopf, aber auch ich habe nichts gesagt. Erst jetzt fällt mir auf, wie anormal das alles war, aber es war eben alles anormal.

Ich stand unter Schock, und im Café hat eine Unterhaltung stattgefunden, ohne daß ich über meine Fassungslosigkeiten, meine Fragen oder nicht gestellten Fragen nachdachte, es war das gleiche wie mit Klaras Akzent, den ich nach mehreren Wortwechseln plötzlich ganz deutlich herausgehört hatte, einfach so, mit einem Schlag.

Abgesehen davon merke ich jetzt, daß ich Klara beobachte. Oder vielmehr, ich registriere sie. Sie könnte ein sechzehnjähriger Knabe, eine Frau von vierzig oder wer weiß was sein, eine Figur, deren Zeitlichkeit man nicht erfaßt, so daß man sagen könnte, sie besäße das ganze Spektrum der Zeitlichkeiten wie auch alle Formen, bis hin zum Neutrum.

Alban ist beglückt, als ich ihn anrufe, er sagt, »nein! Wie ist sie, geht's oder nicht?« Ich sage, »nicht wie du denkst, ja, mager, sehr sehr mager, aber ich glaube, du hast Schlimmeres gesehen. Nein, aber sie ist seltsam, und damit du Bescheid weißt, gleich mal das… sie will Victoire nicht sehen, und Agathe auch nicht, was sollen wir tun?« Wahrscheinlich überschlägt er sich in Gedanken, trotzdem kommt ein »ah!«. Ich höre, »ah!… also dann, ich gehe bei Agathe vorbei und bitte sie, Victoire über Nacht zu behalten. Ich kann hier in einer Stunde weg. Am besten, wir nehmen Klara erst einmal zu uns, dann sehen wir weiter. Geht es dir gut, Lika? Wir müssen stark sein, meine Liebste, alle beide. Das ist hart, was? Ich werde da sein, du weißt doch, ich bin da. Wenn du willst, kaufe ich fürs Abendessen ein, wir machen ihr was Gutes«. Ich antworte, »meinst du?« und sage hastig, »danke, danke, es tut gut, dich zu hören, ich bin etwas verloren«.

Montag, 30. Juli 1945

Heute abend haben wir uns ziemlich früh verabschiedet. Ich habe gesagt, ich wolle schlafen, aber es gelingt mir nicht, also schreibe ich weiter, wie gestern. Im Augenblick höre ich sie nicht. Bevor ich aus dem Zimmer ging, hat sie gesagt, »da unten habe ich nie Albträume gehabt. Jetzt, hier, ständig. Die Albträume sind hier gekommen und auf meiner ganzen Reise seit Polen. Mitten im Albtraum, kein Albtraum. Hier, nichts als Albträume. Ich wohne jede Nacht mitten im Albtraum«.

Samstag hatte ich ein langes Gespräch mit Agathe. Sie war ganz aufgewühlt. Zuerst hat sie fast geschrien vor Wut. »Und wir, da hat man ihren Schatz gehütet, hat Risiken in Kauf genommen, vor allem ihr beide, aber ich, meine Eltern, die Eltern von Alban, wir alle waren bereit, es zu tun, euch notfalls abzulösen, und sie, sie sagt nein, einfach so, euren Schatz, den will ich nicht! Das ist Wahnsinn, sie ist wahnsinnig!« Dann hat sie sich beruhigt. Agathe ist die Ehrlichkeit selbst, sie hat gesagt, »ja, aber wir lieben den Schatz auch, wir haben liebend gern etwas riskiert, also beklagen wir uns nicht, wie blöd von mir«. Am Ende ist sie eher verletzt als verärgert. Was sie am meisten schockiert, ist die Sache mit Victoire. Sie ist so mütterlich, daß sie es nicht fassen kann. Sie sagt, »ich muß wohl einsehen, daß es so etwas gibt, aber es fällt mir schwer zu glauben«. Dennoch war sie die erste, die sich freuen konnte und den Finger auf das legte, was wir alle in unserem Innersten empfanden, für meine Person bin ich mir jedenfalls ganz sicher, und so, wie ich Alban von Anfang an mit Victoire erlebt habe, dürfte es für ihn genauso sein. Im Grunde ja, auf diese Weise geht Victoire uns nicht verloren. Vielleicht ist es Agathe, die uns helfen wird, die Dinge von ihrer guten Seite zu betrachten.

Ich habe ihr von der Sicherheitsnadel erzählt. Ihr standen die Tränen in den Augen, sie wiederholte, »aber was haben sie ihr nur getan, was hat man ihr nur angetan? Sie ist so eine Nette, Klara, sie war meine Freundin. Meine schönsten Fotos hat sie gemacht. Und was haben wir gelacht, alle zusammen, und erst in Barbery mit Alban und dir und Rainer und Adrien und auch mit Frédéric, das war vor dem Krieg, und ein bißchen haben wir sogar 1940 noch gelacht. Und warum ist sie bloß zur Volkszählung gegangen, alle haben wir es ihr gesagt. Aber was hat sie nur für ein Leben, Rainer ist tot, und sie kommt zurück, und jetzt ist sie so, das ist zu dumm, zu dumm«. Ich habe gefragt, »und was war das letzte, was du ihr gesagt hast? Sie meint, du hättest etwas sehr Schönes gesagt«.

Agathe: »Etwas sehr Schönes!?... Ich weiß nicht. Ich erinnere mich nur, daß Victoire und Isidore Kopf bei Fuß in dem Bettchen bei mir schliefen und ich vor allem wollte, daß die zwei anderen Scheißkerle mir Klaras Schlüssel gaben, um ihre Sachen zu retten. All das, was wir später gemeinsam gemacht haben mit ihren Apparaten, ihren Sammlungen, dem Schmuck von ihrer Mutter und den Sachen von Victoire und Rainer. Etwas sehr Schönes?... Ich kann mich nicht erinnern. Ich war viel zu aufgelöst, in mir ging alles drunter und drüber. Mag sein, daß ich ihr da die Nadel gab, manchmal tut man absurde Dinge, weißt du. Das mit der Nadel war mir jedenfalls entfallen, und dann erst, etwas Schönes gesagt haben… alles ist möglich, Lika, das kann jedem passieren.«

In diesem Moment habe ich Agathe umarmt, weil es so gut tat, sie reden zu hören, ich habe gelacht und sie ganz fest gedrückt, weil es komisch war, wie sie um Entschuldigungen rang für etwas Schönes, das sie gesagt haben sollte.

Danach erzählten wir von früher, den Stunden der Gemeinsamkeit, wenn alle beisammen waren, vor allem in Barbery bei ihren Eltern. Sie haben uns während des ganzen Krieges unterstützt. Antoine fing an, den Garten zu bestellen, sogar den Rasen, auf den er so stolz gewesen war. Er sagte, Krieg ist Krieg. Er hatte den Rest seiner Architektenausrüstung in einem kleinen Raum neben der Scheune untergebracht. Abends entwarf er großartige Pläne für den künftigen Garten Eden. Das war üppiger als in Wirklichkeit, aber das Gemüse hat es trotzdem gut mit uns gemeint – und mit den Suppen von Adeline! Sie züchtete Hühner, Kaninchen, eine Ziege wurde angeschafft – nur voriges Jahr wurde sie dann gestohlen. Die Eier und die Milch waren vor allem für die Kinder, ab 43. Antoine und Adeline haben gelernt, sich auf jede Situation einzustellen, sie waren immer am Tun und Machen, um ihre Unruhe zu besänftigen.

Wenn wir kamen, halfen wir mit. Die Jungen bei Antoine, die Mädchen bei Adeline. Agathe zeigte uns, wie man Schnittmuster anfertigt. Wir übten uns im Schneiden, Nähen, Kragen wenden und Zusammenschustern, so nannte es Adeline. Agathe war die Fee. Sie brachte jeden Stoff dazu, ihr aufs Wort zu gehorchen. Das war Zauberei. Klara verzweifelte an ihren Händen und zog es vor, den Fotoapparat zu holen. Ich für meinen Teil hätte mehr zuwege bringen können, aber ich hatte keine Geduld.

Weihnachten 1941, ein Hähnchen mit Rasenkartoffeln und Apfelkuchen mit einem Hauch von altem Zimt, es war grandios. Wir waren noch alle da.

Abends spielte Rainer Walzer von Chopin, kleine Stücke von Brahms. Antoine und Klara, Alban und Agathe tanzten. Man redete über alles nur nicht über das, wer was in Paris machte, aus Takt, aus Vorsicht, und damit diese seltenen Momente so glücklich waren wie vor dem Krieg, das tat uns gut. Man wußte Bescheid.

Zum Abschluß jeder Mahlzeit sagten sie: »Ein guter Schmaus, und wieder einer...«. Dann brachen sie lachend ab, mit Rücksicht auf uns drei, aber Alban hatte uns verraten, wie der Satz zu Ende ging (»...den die *Boches* nicht kriegen!«) und so sagten auch wir, »wieder einer...«, und lachten auch. 41, 42, 43, 44, Jahre der Angst. Rainer, Klara, Adrien, Frédéric, alle fort, jeder aus einem anderen Grund. Es blieben Alban und ich, Agathe und ihre Eltern geschart um Isidore und Victoire, die beiden Babys, die gewachsen sind. Wie wir.

Jetzt fehlen Rainer und Frédéric. Adrien ist wieder da, mit einem Auge weniger. Er sagt, es sei nicht teuer bezahlt für das, was er erlebt habe. Er ist nicht mehr der Spaßmacher, der lustige Student, er ist ernst geworden, Adrien, sogar für seinen kleinen Neffen fühlt er sich verantwortlich, was Agathe zum Lachen bringt. Frédéric ist auf die schiefe Bahn geraten, wie man hier zu sagen pflegt. Agathe weiß nicht alles, was ihn betrifft, oder vielleicht sagt sie es nur nicht. Als er sie sitzenließ, haben wir den Grund sehr bald erfahren, aber rein zufällig. Wir beide, Alban und ich, haben unsere Wohnungen verlassen. Es war nach Juli 42. Albans Eltern haben auf diese Entscheidung gedrängt, als wir ihnen von Frédérics Verpflichtung erzählten. Er wußte zu viel über uns, es war tatsächlich riskant, aber er hat niemanden denunziert. Er hätte es tun können. Im tiefsten Herzen hielten wir das für unmöglich, aber Léandre und Louise fanden keine Ruhe wegen mir und der Kleinen. Auch sie sagten, man weiß nie, und Krieg ist Krieg.

Mittwoch, 1. August 1945

Den gestrigen Abend habe ich mit den Kindern zu Hause verbracht. Agathe hatte Gelegenheit, bei Freunden Abend zu essen. Sie muß wieder unter Leute gehen, um Kontakte zu knüpfen, das ist wichtig für sie. Sie ist allein mit der Erziehung ihres Sohnes. Alban kam her, um die Nacht über bei Klara zu bleiben. Man wagt nicht, sie allein zu lassen. Sie bittet auch nicht darum. Sie bittet übrigens um gar nichts.

Es braucht Zeit. Die wenigen Momente, in denen Alban und ich uns sehen, ist das unser *Leitmotiv*: Es braucht Zeit.

Wir haben Léandre und Louise noch nichts gesagt, ebenso wenig Antoine und Adeline. Agathe ist einverstanden. Man muß warten.

Ich kreise um den ersten Abend bei uns zu Hause. Es war letzten Donnerstag, fast eine Woche schon. Ich sage das obwohl ich denke, eine Ewigkeit.

Ich habe die Tür geöffnet, ging als erste hinein. Klara kam näher. Neben dem Mantelständer blieb sie wie angewurzelt stehen. Ich sagte, »häng deinen Mantel auf, Klara, komm«. Ich war auf der Schwelle zum großen Zimmer, sie rührte sich nicht. Ich kehre in die Gegenwart zurück. Ich bin auf der Schwelle zum Wohnzimmer, sie rührt sich nicht. Dann macht sie einen Schritt, ich erwarte sie, leicht zurückweichend. Es kommt mir vor wie bei den ersten Schritten von Victoire, Angst, daß sie hinfällt. Ich ermuntere sie, »komm doch rein, Klara, hier ist das Wohnzimmer«. Sie hebt einen Fuß, bewegt ihn wie um ihn weiter vorne aufzusetzen, stellt ihn dann aber wieder neben dem anderen ab. Ich habe endlose Geduld. Seit ein paar Stunden ist es, als nähme ich bereits ihren Rhythmus an. Auch ich fühle mich, wie sie, nicht mehr vertraut in meiner Umgebung, ich stehe da, bleibe mit ihr stehen. Sie umklammert, preßt und preßt den Griff des kleinen roten Koffers, eine verkrampfte Hand, nur Knochen. Ich glaube, um nichts in der Welt würde sie loslassen. Auch ihren Mantelhund, den sie zusammengerollt unter den rechten Arm geklemmt hat, läßt sie nicht los. Schließlich wagt sie sich über die Schwelle, mit der Vorsicht einer Katze, die sich scheut, eine Pfütze zu durchqueren. Es muß wohl die Spannung sein, ich breche in Gelächter aus. »Es ist kein Minenfeld, Klara, du kannst ruhig kommen!« Wäre es Agathe, wäre es Klara von vorher, ich würde sie knuffen, ihr um den Hals fallen, ich würde sie stupsen, sie küssen und umarmen. Aber so, nur nicht berühren, das ist verboten, und ich weiß nicht wohin mit meinen Armen.

Wieder warte ich. Auch das unvermeidliche »Was möchtest du trinken?« kommt nicht an, aber ich sage es. Schließlich setzt sie sich auf den Rand eines Sessels… hopp Klara hopp! Mit hochfliegenden Beinen springt sie in jeden Sessel, hopp Klara! Sessel sind das Tollste, findet ihr nicht? Und die Jungen: mach's nochmal, Klara, für uns, hopp Klara!

Mir kommen Tränen wie sie da auf der Kante sitzt, auf dem äußersten Rand des Sessels, als wolle er sie beißen, mit ihrem winzigen Köfferchen und ihrem Mantelhund, ihrem schwarzen Teddy. Es schnürt mir die Kehle zu, ich weiß mir nicht zu helfen.

Ich hocke mich auf den Boden, zu ihren Füßen. Sofort läßt sie sich auf den Teppich rutschen und verharrt, den Rücken an den Sessel gelehnt, mit angezogenen Knien. Behutsam stellt sie ihren Koffer ab und breitet den Mantel darüber. Ich schiebe mich auf den Hinterbacken rückwärts, bis ich mich an den Sessel gegenüber lehnen kann.

Ich spreche leise.

Ich: »Es gibt so viel, was wir uns zu sagen haben, Klara. Aber wo anfangen? Willst du mir etwas erzählen? Wie es war?«

Sie (rauhe Stimme): »Da unten. Es heißt da unten. Es hieß Oświęcim. Auf deutsch haben sie sich einen anderen Namen ausgedacht. Es war ein Ort für Heilige und Tiere. Manche sind Heilige geworden. Sie sind alle tot. Ich möchte es für niemanden beschwören, aber vielleicht... waren wir alle Heilige. Dann sind wir alle tot... aber wenn das alles wirklich ist, muß man wohl annehmen, daß der Rest der Welt geschlafen hat.«

Ich: »Ich habe mit einigen gesprochen, die aus Auschwitz zurückgekommen sind, seitdem weiß man hier, daß es eines der schlimmsten Lager war.«

Sie: »Ich weiß nicht. Ich bin da unten nie herausgekommen ... Monate, neunundzwanzig glaube ich... ich habe gerechnet... neunundzwanzig... Vielleicht kommt man nur zurück, um zu sehen wie es ist. Vielleicht ist es gar nicht möglich. Sechs Monate frage ich mich schon. Seit ich draußen bin, weiß ich, daß es ein Fehler ist. Ich fände es normal, dorthin zurückzukehren. Jeden Augenblick, morgen, später... wäre ich bereit. Selbst wenn... Man mir sagte... Da unten, das ist, als hätte alles seit dem

Dunkel der Zeiten existiert, so sagt man doch, das Dunkel der Zeiten, seit dem Dunkel der Zeiten, und wir, wir waren im Dunkel der Zeit, nur der Frühling und der Herbst, diese üblen Gesellen haben uns gesagt, daß es vielleicht nicht seit dem Dunkel der Zeiten war... trotzdem, es war wie eine ewige, nie endende Bewegung, hätte das je aufhören können... von sich aus... ich meine, Transporte, Rauch, Transporte, Rauch und das ganze Elend umher... man müßte sich entmenschen, wenn Menschsein das bedeutet, wenn es zur Menschlichkeit gehört, daß man dazu fähig ist... was soll man sonst sagen?«

Ich fahre fort mit diesem Abend, dem ersten Abend. Ich muß ihn zu Ende bringen wegen all der schwierigen Dinge, die gesagt worden sind.

Alban ist gekommen. Er hat sich nichts anmerken lassen, aber später, in der Nacht, vor dem Einschlafen, hat er zu mir gesagt, »es ist die erste bekannte Person, die ich wiedersehe. All die Kranken, die ich behandelt habe, kannte ich nicht von früher, das ist nicht das gleiche. Sie, ja, das war ein Schock für mich. Nach Augenmaß dürfte sie noch an die vierzig Kilo haben, ein Fliegengewicht, aber keine Katastrophe. Seit sechs Monaten hält sie sich auf den Beinen, ich glaube, mit ihren Vitaminen hat sie etwas aufgeholt. Hast du sie wegen der Haare gefragt? Das ist merkwürdig, in der Zeit hätten sie eigentlich wachsen müssen...«

Ich habe noch darüber nachgedacht, als Alban schon schlief.

Ich war müde, aber unmöglich, mich zu entspannen,

also dachte ich an Klaras Haare. Warum hat mich das nicht mehr schockiert? Warum habe ich mir keine Fragen gestellt? Ich sehe wieder Klaras Kopf, den kleinen Kopf und die kurzen Haare, sehr kurz, ja, aber in männlichem Aufzug ist ein Bubikopf nicht schockierend. Hätte sie ein Kleid getragen, vielleicht. Das muß es sein, die Überlagerung vom Anblick des jungen Mannes und dem gleichzeitigen Wissen, daß es Klara war. Ich habe beides wohl sehr schnell vermischt. Es war zu viel auf einmal, und die Haare wurden gleich im ersten Moment einfach registriert, ohne Frage. Es könnte aber auch anders zu verstehen sein: Klaras ganze Erscheinung war so unbegreiflich, daß gar nicht zu entscheiden war, woran es lag, ob mehr an den Haaren oder an der Kleidung, an der Magerkeit, den Augen oder an der Haltung, und ich, ich habe die Details vernachlässigt, weil es mir so dringend war, die Klara von vorher wiederzufinden, irgendein Indiz, etwas Greifbares, um mich gewissermaßen zu kneifen, mich spüren zu lassen, daß ich nicht träumte. Ich war eher auf der Suche nach Beweisen für die Klara, die ich von früher kannte, aber nichts hat sie mir enthüllt.

Als guter Arzt hatte sich Alban das Fleisch als Gehacktes geben lassen und Kartoffelbrei vorgesehen. Er hatte weichen Käse, trockenen Kuchen und Kirschmarmelade gekauft. Außerdem gab es zwei Flaschen Bordeaux und Leberpastete.

Ich habe mich etwas lustig gemacht, das sei nicht gerade, was man sich unter einem Festessen vorstellt, aber er, »sie braucht Sachen, die leicht runtergehen, man weiß nie…«. Egal, Klara hat wenig gegessen, sehr wenig sogar, viel weniger als Victoire gegessen hätte. Es fing damit an, daß sie Röhrchen aus ihrer Jackentasche zog. Sie hatte drei Sorten Vitamine, Kombinationen von C und irgendwas mit B. Alban hat gefragt, ob er sehen dürfe, er meinte, das sei ganz in Ordnung, aber er würde sich näher damit befassen, eine richtige Behandlung sei nötig. Klara sagte, »seit sechs Monaten nehme ich solche Dinger, ich bettele sie mir zusammen, wo ich hinkomme, ansonsten stehle ich sie, vor allem die C. Ich habe fünf Zähne verloren, das ist schrecklich, die Zähne, bei mir sind es die Hinteren, die Dicken, und in den anderen habe ich Löcher«. Alban hat versprochen, sich gleich am nächsten Tag zu kümmern. Er hat befreundete Kollegen, die Zahnärzte sind. »Vor allem muß ein Häppchen mehr gegessen werden, Klara.« Sie sagte, »ich kann nicht, es ekelt mich«. Alban hat nicht gedrängt, er hat gesagt, »laß dir Zeit, das kommt wieder. Du hast gut daran getan, Vitamine zu nehmen, das war genau richtig«.

Alban war ungezwungener als ich, wahrscheinlich reagierte er als Arzt. Ich weiß nicht, ob er Klara sah, ob er Klara suchte. Die Vorstellung galt der Kranken, das war im Augenblick praktischer für ihn, weniger schmerzhaft. Das glaube ich zumindest, aber wir hatten noch keine Zeit, darüber zu reden.

Das Abendessen war mühsam, voller Schweigepausen, glücklicherweise erfüllt von Albans gutem Willen. Klara hat einen Löffel Kartoffelbrei gegessen, eine Winzigkeit Fleisch und etwas mit Leberpastete bekratztes Brot, weder Käse noch Kuchen noch Marmelade. Sie hat Wein getrunken, zwei große Gläser.

Sie holte Zigaretten aus der Tasche – unglaublich, was sie alles in den Taschen hat – und zog ein Feuerzeug heraus, ein sehr schönes Stück, versilbert, vielleicht aus reinem Silber. Ich denke, jetzt ist der Moment für Rainer. Die ganze Zeit habe ich daran gedacht. Alban wird sich nicht trauen, vielleicht meint er auch, es sei meine Sache oder es sei schon gesagt worden.

Ich (sehr schnell): »Fragst du mich gar nicht nach Rainer, Klara?«

Sie: »Er ist tot, oder?«

Ich (sehr schnell): »Ja, im Juni letzten Jahres... erschossen.«

Sie: »Von wem?«

Ich: »Im Maquis bei Saint-Marc, von der Gestapo... zusammen mit anderen.«

Sie: »Oh, sehr gut...«

Wir wagen nichts mehr zu sagen. Sie raucht ihre Zigarette fertig, zündet eine neue an, Alban und ich nehmen auch eine. Keiner rührt sich mehr auf seinem Stuhl. Wir warten. Sie sagt, »ich will nach Amerika... wäre dein Bruder da gewesen, hätte ich die Scheidung eingereicht. Ich wäre trotzdem gefahren... allein...«.

Es verschlägt uns die Sprache. Die Wörter Amerika, Scheidung dringen nur mit Mühe in mein Bewußtsein. Sie haben keinerlei Realität. Alban sagt nichts. Ich streiche mit der Zigarette über den Rand des Aschenbechers, was nun... Das Telefon klingelt. Alban nimmt ab. Ich spüre ein Unbehagen, er dreht sich um. »Es ist für dich, Lika. Victoire will dir gute Nacht sagen.« Victoire macht lauter Küßchen in den Hörer, ich kann nicht reden, schließlich sage ich ein paar Kleinigkeiten, die einigermaßen natürlich klingen, und hänge wieder auf. Nachträglich glaube ich, daß dies der heikelste Moment gewesen ist.

Klara raucht bedächtig, während sie ihren Wein schlürft.

Ich: »Und wenn Rainer dich im Lutétia erwartet hätte?«

Sie: »Ich weiß nicht. Ich glaube, ich wußte es.«

Ich: »Aber man weiß nie. Stell dir vor, Klara.«

Sie: »Ich habe ihn nicht erwartet. Ich habe nicht erwartet, daß er mich erwartete... so wie ich mich an ihn erinnere, wird er das Risiko gesucht haben... das, glaube ich, habe ich immer gewußt... seit er in den Süden gegangen war, um einen Fluchtweg zu finden... angeblich...«

Ich: »Aber er hat gesucht! Denk nur, wie er bei Chalon mehrmals die Linie passiert hat, nur um dich zu beruhigen, aber er hat nichts gefunden. Das kannst du ihm nicht verübeln, Klara!«

Sie: »Was ich weiß, ist, daß er das Heldentum gesucht und daß er es gefunden hat...«

Ich: »Du bist hart, Klara.«

Sie: »Nein. Jedem sein Schicksal. Ich werde keinen Helden beweinen... die Gnade, getötet zu werden... er hatte gute Gründe zu sterben... nicht jeder hat dieses Glück...«

Vielleicht war in ihrer kaum bewegten Stimme ein Anflug von Gehässigkeit? Ich glaube, es gehört zu haben, unabhängig von den Worten.

Donnerstag, 2. August 1945, Henri-Martin

Ich bin zu Hause, die Kinder schlafen. Wir versuchen, mit Agathe abzuwechseln. Die Kleinen freuen sich, wenn sie zusammen sind, das ist schon mal etwas. Klara äußert keinen Wunsch, allein zu sein, also organisiert man sich. Wenn es so weitergeht, haben wir mit Agathe geplant, die Kinder für eine Woche zu ihren Eltern zu schicken. Man müßte ihnen dann sagen, wie der Stand der Dinge ist. Agathe meint, sie würden es verstehen, man bräuchte sich keine Sorgen zu machen, Adrien führe nächste Woche sowieso nach Barbery, es würde alles gut werden. Auch Adrien muß dann Bescheid wissen. Es tut mir weh für sie alle. Sie waren so liebevoll mit uns.

Alban hat im Lutétia alles erledigt. Heute abend ist er in der Rue Richer.

Klara ist zurückgekehrt, aber uns nicht zurückgegeben.

Klara ist zurückgekehrt, aber nicht zu uns.

Noch einmal habe ich versucht, von Rainer und den Umständen zu sprechen. Sie hat gesagt, »du steckst die Toten in einen Schrank, schließt den Schrank ab und wirfst den Schlüssel weg, und dann vergiß, daß du ihn weggeworfen hast und daß es einen Schrank gegeben hat«.

Es gibt nichts mehr zu sagen.

Ich habe auch wegen der Haare gefragt. »Ich ertrage keine Haare mehr, das hat mich am meisten angekotzt, diese Frauen mit ihren Massen von Haaren, die Haare der Frauen hier, sie tragen Kränze, Mähnen. Auf den Straßen waren lauter Flüchtlinge, besser gesagt Fliehende, viele Frauen, und die Haare haben mich gleich geekelt. Da unten gab es auch Frauen mit Haaren, sie wuchsen nach, außer bei den Juden, denen sie wieder abgeschnitten wurden. Am Anfang, 42, habe ich nur rasierte Schädel gesehen. Es war ein Planet ohne Haare, ein geschorener Planet. Stell dir das vor. Erst bei genauerem Hinsehen habe ich Haare entdeckt. Die Gestreiften hatten Haare, wenn etwas Zeit vergangen war, nicht lang, aber ein bißchen, die Kapos, die Chefs, die Nazifrauen hatten sehr gepflegtes Haar, jedenfalls vergleichsweise, vor allem eine, ein sehr junges bildhübsches Mädchen, eine fürchterliche Drecksau... wunderschönes Haar. Das hat mich geekelt... vielleicht ist das der Grund, die Drecksau mit ihrer Peitsche. Ich schneide sie selber. In Berlin, irgendwo im Schutt, habe ich eine Haarschneidemaschine gefunden, die funktioniert. Ich komme sehr gut damit zurecht. Zuerst ging es schief. Jetzt schneide ich ohne zu rasieren, ohne mir weh zu tun.«

Ich: »Hast du sie in deinem Köfferchen?«

Sie: »Ja, in meinem Koffer.«

Ich: »Er ist winzig, dein Koffer! Wie für Puppen! Ich hatte so einen ähnlichen für meine Puppenkleider.«

Sie: »Ja, ich auch.«

Ich: »Du konntest nicht viel haben bei so wenig...«

Sie: »Ja, aber ich habe alles gestohlen, jeden Tag was ich gerade brauchte, die Kleidung und alles, ich habe nur die Haarschneidemaschine, Unterhosen und ein paar

Kleinigkeiten, eine Zahnbürste, alles andere stehle ich.«

Ich: »Aber jetzt brauchst du das nicht mehr, Klara, es wäre dumm, dich erwischen zu lassen.«

Sie: »Unmöglich, ich mache das besser als eine Zigeunerin. Du, du hast einen Namen gestohlen, du warst schlau… die Ehrlichen und Doofen sterben. Da unten konnte ich nicht mehr, was ich konnte, und was ich nicht konnte, konnte ich. Der Affe ist tot. Also stehle ich. Ich gebe keine schöne Opferfigur ab.«

Klaras seelenruhige Arroganz.

Freitag, 3. August 1945

Morgen fahre ich mit Adrien und den Kindern nach Barbery.

Alban und Agathe kommen Sonntag nach, ich werde sie in Chantilly abholen. Montag früh fahren wir dann alle drei ohne die Kleinen zurück. Alban hat Klaras Einverständnis für weitergehende Untersuchungen im Krankenhaus gewonnen. Es ist eine Ärztin, die sie vornehmen wird. Einen Arzt lehnt Klara ab. Diese Frau kommt Sonntag abend zum Übernachten her. Klara interessiert sie, und sie will uns gern diesen Gefallen tun. Als wir Klara den Vorschlag machten, war sie sofort einverstanden und offenbar erleichtert. Wir hatten gedacht, sie könnte für eine Nacht im Krankenhaus bleiben, aber das will sie nicht. Es scheint kompliziert. Sie kann nicht allein sein und will nicht mit anderen sein. Sie braucht Menschen ganz nahe, aber nicht zu sehr. Sie hat gesagt, »seit da unten kann ich nicht mehr ganz allein sein. Auf meiner Reise war ich immer von Leuten umgeben, die ich nicht kannte, das stört mich nicht, im Gegenteil. Ich habe sogar in Scheunen geschlafen, aber da waren Tiere nebenan. Einmal bin ich wirklich allein gewesen. Ich will es nicht wieder tun. Ich bin noch nicht bereit.«

Mir ist es lieber, die Kinder nach Barbery zu begleiten, ich will Antoine und Adeline erklären, mit ihnen reden können. Ich meine, das sind wir ihnen schuldig.

Ich habe einen schönen Schal für Adeline gefunden und eine Mundharmonika für Antoine, der seine verlegt hat. Die Kinder sind begeistert, aufs Land zu fahren. Wir haben es alle nötig.

Nach und nach fängt Klara an, über Auschwitz zu sprechen. Mit mir nicht direkt. Alban hat mir gesagt, ihm habe sie ein bißchen erzählt und es sei grauenvoll. Versuche von Medizinern, unter ihnen ein gewisser Mendélé oder Menkélé, jedenfalls ein Dreck, aber nicht der einzige.

Es sind Bruchstücke, sie spricht nicht fortlaufend. Heute abend war ich mit ihr in der Küche, sie stocherte in ihrem Teller, und es kam einfach so heraus, eines dieser Bruchstücke, die ich Bruchstücke nenne, vielleicht ist es eher wie mit etwas vorher und etwas anderem nachher, das sie aber für uns nicht hervorholen würde. Die Sprechweise ist nicht konstant. Ihr Denken schon, den Eindruck macht sie. Ihre Rede ereignet sich, man hört sie einen Augenblick, es ist wie wenn ein U-Boot auftaucht, es war da, unsichtbar, dann sieht man es, dann taucht es wieder ab.

Klara: »Mir scheint, daß mein Schatten da unten geblieben ist… und unsere Tausende von Blicken, die den Rauch begleiteten, und der Wind, der den Geruch niederschlug, in Gedanken bei den Tausenden von Blicken, die in gleicher Weise unseren Rauch und unseren Geruch begleiten würden… manchmal habe ich mich gefragt, ob nicht ich selbst der aufsteigende Rauch sei… das, das war am Anfang, als in den Gruben verbrannt wurde… dann… trotzdem ist es das, was bleibt… Rauch, Geruch… und um zu wissen, ob ich einen Arm hatte, faßte ich ihn an, dasselbe mit den Beinen, den Füßen. Man mußte alles spüren, alles überprüfen, immer. Siehst du, ich bin tot, aber ich kann keine Trauer tragen. Ich bin wie Peter Schlemihl, erinnerst du dich...«

Etwas später, Tee trinkend und rauchend.

»Ich habe Zweifel an meiner Normalität. Von da unten kehrt man nicht zurück. Meine Freundinnen waren normal. Sie sind tot. Ich weiß noch nicht, was ich daraus ziehen soll, ob Befriedigung oder grenzenloses Mißtrauen, ich meine, da zu sein. Auch wenn ich mit einer Art Stöcken anstelle von Armen und Beinen zurückgekommen bin... sein Skelett gesehen zu haben... dieser Gewaltakt... in drei Monaten wieder auferstehen, das ist stärker als ihr Christus in drei Tagen. Aber ersteht man wieder auf... der Körper, ja, der kommt irgendwie zurecht, aber der Rest...«

Es ist das erste Mal, daß sie Freundinnen erwähnt. Wird sie noch einmal von ihnen sprechen, und wie viele Freundinnen hat sie gehabt? Heute abend hat sie nichts mehr dazu gesagt.

Ein anderes Bruchstück:

»Eines Tages erzählte ein Mann von den Sonderkommandos einem tschechischen Arzt, der es mir weitergesagt hat... am Tag zuvor hatten sie einen Transport in Empfang genommen... als sie die Türen öffneten, kam niemand heraus. Man stelle sich vor... siebenundzwanzig Tage und Nächte... zusammengepfercht ohne zu trinken, ohne zu essen. Man stelle sich vor... der Zugführer war ganz lebendig. Er war noch ein Mensch bei der Ankunft. Wie soll man verstehen...«

Noch später, weiter rauchend. Auch ich habe viel geraucht.

Klara: »Ich fühle mich schuldig für all diese Toten. Vernünftigerweise kehrt man aus der Hölle nicht zurück.

Eine Welt ohne Wörter. Verstehst du, daß diese Welt keine Wörter zur Verfügung hatte. Es war ein anderes Land, wo man bekannte Wörter für etwas anderes benutzte, was keine treffende Vokabel haben konnte, was in keiner Sprache existierte, obwohl da unten das reinste Babel war, aber ich glaube, daß keine Sprache dafür ein angemessenes Vokabular besitzt und je besitzen wird. Und sie, unsere Peiniger, hatten auch kein angemessenes Vokabular, denn sie benutzten Kodes. Ich weiß es.«

Da das Schweigen anhielt, nutzte ich die Gelegenheit, über ihren Schmuck zu reden. Heute nachmittag habe ich den Kasten vom Trocadéro mitgebracht. Er hat uns Kopfzerbrechen gemacht, keiner wollte ihn haben, weder Albans Eltern noch die von Agathe und erst recht nicht Agathe selbst, die anderen Sachen, ja, aber nicht den Schmuck. Am Ende haben wir ihn bei uns zu Hause aufbewahrt. Alban hat ihn oben im Schrank des Schlafzimmers verstaut, hinter den Bettlaken, wie bei Großmutter. Ich erinnere mich, er hat gesagt, »also los, bringen wir die Klunkerkiste unter Dach und Fach, sagen wir uns einfach, daß es Talmi ist, und denken nicht mehr dran!«

Tatsächlich hatten wir danach den Kopf mit anderen Dingen voll.

Es sind drei goldene Halsketten, eine aus dicken ovalen Gliedern, die beiden anderen aus olivenförmigen mit feinsten eingelegten Goldmotiven, ein prachtvolles Armband von Van Cleef & Arpels, das aus ägyptischen Köpfen und Skarabäen besteht, besetzt mit Saphiren, Rubinen und Smaragden, zwei Paar Ohrringe von Lacloche, auch sie mit edelsteinbesetzten Köpfen und Gehängen aus Onyxstäbchen, außerdem Broschen, Krawattennadeln, Manschettenknöpfe und jede Menge Ringe. Ihre Mutter hatte ihr alles gegeben, sie wollte ihre Tochter mit einer zusätzlichen Geldquelle versorgen.

Klara hat gleich nach einem Ring gesucht, ihn gefunden und probiert. Sie erklärte mir, ihre Mutter habe ihn oft getragen, sie habe ihn von ihrer eigenen russischen Großmutter gehabt, Klaras Urgroßmutter also. Natürlich paßt kein Finger, höchstens der Daumen, aber das wäre lächerlich. Klara hält trotzdem daran fest, sie hat ihn auf den linken Mittelfinger gesteckt. Vielleicht geht es, wenn man ihn mit einem kleineren Ring darunter blockiert. Ich habe gesagt, man könne ihn bestimmt enger machen lassen, aber sie hat gesagt, »es wird alles verkauft«.

Ich: »Du könntest ihn behalten, der Rest bringt sicher gutes Geld, und dann gibt es ja noch deine Wohnung in der Rue Lafayette, hast du daran gedacht?«

Sie: »Stimmt. Nein, ich hatte es vergessen… sie ist noch da…«

Ich: »Ja. Albans Vater hat das arrangiert, er hatte viele Beziehungen. Ich weiß nicht genau, wie er es gemacht hat, aber die Wohnung ist abgeschlossen, die Schlüssel liegen beim Notar. Léandre hat sich um alles gekümmert, es hat keinen Ärger gegeben. Sicher wäre er auch jetzt wieder bereit, das Nötige zu tun, wenn du verkaufen willst.«

Sie: »Ja, glaubst du, es geht...«

Ich: »Zusammen mit Agathe hatten wir alle Papiere genommen und sie Léandre gegeben. Sie müßten ebenfalls beim Notar liegen, nehme ich an. Als alleinige Eigentümerin, die du bist, dürfte es kein Problem geben. Vielleicht dauert es einige Zeit.«

Sie: »Wie lange, glaubst du...«

Ich: »Das weiß ich doch nicht, Klara. Man braucht jemand, der kauft. Ich weiß nicht, ob die Leute derzeit kaufen, ich habe keine Ahnung von Geschäften.«

Ich hatte den Eindruck, meine Klara von früher wiederzufinden. Ein wenig, noch nicht viel, aber ein wenig, gegen Ende. Sie war fast schüchtern, man mochte meinen, voller Hoffnung, diese Wohnung zu verkaufen. Das erinnert mich an Szenen als wir klein waren, beim Skilaufen. Oft sagte sie mir oben an einem Hang ganz leise, beinahe verzagt, »glaubst du, Lika, ich kann?«, und dann schoß sie ohne Ankündigung mit größtmöglicher Beschleunigung bergab. Ich hatte Mühe, sie einzuholen und zu überholen, denn schließlich war ja ich die Spitzenläuferin, aber oft hat sie mich geschlagen.

Vielleicht war es das, ihre schüchterne Art eben. Sie macht doch, was sie sich in den Kopf gesetzt hat.

Ich spüre auch mit ziemlicher Gewißheit, daß sie ihren Entschluß, fortzugehen und uns Victoire zu überlassen, nicht rückgängig machen wird.

Es scheint, als wären heute abend kleine Nuancen in ihrer Stimme aufgetaucht. Ehe wir zu Bett gingen, hat sie gesagt, »es war ein Transport mit Griechen«.

Samstag, 4. August 1945, Barbery

Wie gut, sich hier wiederzufinden. Es ist spät. Alles schläft. Victoire wollte bei mir bleiben. Sie liegt auf dem Bett, in Hemd und Höschen, so heiß ist es. Schade, daß Klara sie nicht sieht, sie ist so hübsch, unsere Victoire. Sie ist sehr groß geworden, hat aber noch ihren Babyspeck, ganz blond und lockig, nicht leicht zu kämmen, aber so entzückend. Den ganzen Nachmittag haben sie und Isidore in der Zinkwanne, die Antoine nach draußen gestellt hat, mit Wasser gespielt. Sie haben geschrien, getollt. Abends um neun schliefen sie wie die Murmeltiere. Danach haben wir alle fünf zu Abend gegessen. Natürlich wurde über Klara gesprochen. Ich glaube, sie sind froh, daß ich mitgekommen bin, um ein wenig zu erklären und von Klara zu erzählen, von ihrer Rückkehr… und ihren seltsamen Entscheidungen.

Adrien war sehr neugierig. Er stellte haufenweise Fragen. Ich konnte nicht alles beantworten. Schließlich sagte Antoine, Klara habe doch keine Studienreise unternommen, aber Adrien hat gesagt, man höre so vieles über die Lager, und jemand, der von dort zurückkäme, sei notwendig die zuverlässigere Quelle. Adeline war nicht einverstanden. »Und du, weißt du etwa alles über die Resistance, obwohl du selbst dabei warst? Klara wird über Auschwitz wissen, was sie kann, und womöglich gar nicht alles, wenn es doch so groß war.« Antoine fügte hinzu, »1914 kannten wir gerade unseren Schützengraben, wir wußten nicht einmal, was für ein Krieg das war. Die gegenüber wohl auch nicht. Erst nachher war man klüger!« Wir haben viel gelacht. Es tut so gut, zu lachen. Hier habe ich Lust zu lachen.

Adeline hat sich sehr über den Schal gefreut. »Da kann man richtig wieder kess werden.« Der Ruf der Pariserinnen ist nicht falsch, sogar während der Rationierung haben sie Kraft gefunden, ihr Leben zu meistern. Ich muß sagen, mit Agathe haben wir es auch gemeistert. Es wurde ein Spiel, unsere Sachen und die der Kinder in Ordnung zu halten. Ich glaube, Adeline möchte lieber heute als morgen nach Paris zurück, das Land fängt an, sie zu bedrücken. Antoine auch. Er hat gesagt, es sei das letzte Mal, daß »Rasenkartoffeln« geerntet würden. Im Herbst will er ihn wieder einsäen. Nachmittags hat er für die Kinder Mundharmonika gespielt, und am Abend kleine Stücke von Satie auf dem Klavier, um sie zu beruhigen.

Es ist unglaublich, wie Adrien sich verändert hat. Als wir ihn 1938 kennenlernten, war er sechzehn Jahre alt und noch nicht ausgewachsen. Manchmal blieb er über Nacht bei seiner Schwester und leistete uns Gesellschaft, wenn wir abends bei Rainer und Klara zusammensaßen. Schon damals interessierte er sich leidenschaftlich für die Politik. Er spaßte gern mit Rainer und Alban. Es waren unsere tollen Zeiten mit ständigem Gerenne über den Flur zwischen den beiden Wohnungen. Klara und ich waren zwanzig – geboren 1918, Kinder von Hinkebeinen und Fronturlaubern, pflegte Papa zu sagen –, Rainer war sechsundzwanzig, Alban fünfundzwanzig, Agathe dreiundzwanzig. Wir sind sieben Jahre älter, Klara hat graues Haar, Rainer wäre vorgestern dreiunddreißig Jahre alt geworden. Er fehlt mir. Sehr. Schrecklich. Mein großer Bruder.

Als Mama im September 39 starb, hat Rainer mir anvertraut, was sie ihm unmittelbar vor unserer Abreise von Berlin gesagt hatte. Rainer war von Anfang an über ihre Krankheit auf dem laufenden. Mama zeigte ihm ihre Untersuchungsergebnisse und welche Fortschritte das Übel machte. Auf ihre Art gab sie ihm noch Unterricht. Das war grausam für ihn, hat Rainer mir gesagt, aber sie brachte ihm bei, was Mut ist und was der Beruf verlangt. Am Tag vor unserer Abreise hat sie ihm gesagt, wenn es schlimmer würde und ihr Krebsleiden sich so entwickelte, wie sie annähme, daß es sich entwickeln werde, hätte sie für das Nötige gesorgt, um dem ein Ende zu setzen, er möge ihr darum nicht böse sein, aber es wäre in dem Augenblick, wenn es nur noch um ein paar Monate ginge, und wenn sie es wüßte, und daß sie den körperlichen oder sonstigen Verfall durch ihre Krankheit oder irgend etwas anderes niemals akzeptieren würde, und Rainer vor allem uns schützen müsse, Klara und mich, so gut er könne.

Sie hatte einen kleinen Stamm von Privatpatienten bewahrt, gerade genug, um zu leben. Sie gab uns alles, damit wir uns hier niederlassen oder anderswohin gehen konnten. Sie bestand darauf.

Sie war die Ärztin von Klaras Mutter geblieben. An jenem Tag vor unserer Abreise hat sie zu Rainer gesagt, daß sie auch Frau Adler das Nötige geben würde, wenn sie es haben wolle, daß sie sich seit der Hochzeit zwischen Klara und Rainer noch etwas enger mit ihr befreundet fühle, und daß es unter den gegebenen Umständen noch das beste Geschenk sei, das man machen könne.

Als wir im Oktober 41 von Frau Adlers Tod erfuhren, haben Rainer und ich an das Gift gedacht, aber wir haben Klara nichts gesagt. Wozu hätte das gut sein sollen... außerdem war die Todesnachricht zumindest rätselhaft gewesen... zwei quasi anonyme Briefe, beide an Rainer adressiert, zwei gleichartige, aber unleserliche Unterschriften, eine Mitteilung über den Tod, die andere über den Selbstmord. Rainer hat Klara nur einen der Briefe gezeigt. Klara verehrte ihre Mutter.

Vorhin bei Tisch habe ich eine Szene erzählt, die ich im Mai im Lutétia erlebt habe.

Von April bis Mai war ich als Freiwillige dort. Man mußte die Personalien der neu Angekommenen erfassen, aufschreiben, an welchen Orten, unter welcher Kategorie sie in Lagern gewesen waren, ihnen Auskünfte, Reisegutscheine, Zigarettenmarken geben, ihnen mitteilen, wer sie wo erwartete, wenn man es denn wußte, usw. Ich machte nicht jeden Tag Dienst, aber wenn ich erfuhr, daß eine Gruppe ankommen sollte, war ich dennoch da, um zu warten, immer wieder das »Man weiß nie«, und ich war nicht die einzige, die dieses irrationale und ermüdende Hingehen und Warten bis zur Verzweiflung praktizierte. Am Treffpunkt jeden Tag dieselbe Enttäuschung, jeden Tag sagte ich mir beim Weggehen, ich würde nicht wiederkommen, es sei sinnlos, und doch kam ich jedesmal wieder. In der Wartezeit gab es was zu sehen! Man kam sich vor wie bei der Lotterie, die einen oder anderen mit Fotos. Manche Frauen waren hysterisch, andere sehr schüchtern. Es war alles da, Leute, die vor Selbstbewußtsein strotzen, und solche, die sich zurückdrängen, sich anrempeln lassen. Es gibt immer welche, die denen auf die Füße treten, die als Fußabtreter herhalten. Überall dasselbe. Die Ankommenden waren voller Schweigen, perplex, die meisten in schlechter Verfassung, manche auf Bahren, die sofort zum Krankenhaus gebracht wurden. In der Salpêtrière hat Alban einige behandelt. Es kam vor, daß sie in den nächsten Stunden oder Tagen starben... die Gesünderen wirkten verlegen, sie halfen den anderen und sahen nirgendwo hin.

Eines Abends war noch viel Betrieb und eine Gruppe Männer kam an. Die Frauen zeigten ihre Fotos, wie gewohnt. Ein Mann trat heraus und pflanzte sich vor einer Frau in der ersten Reihe auf.

Ich war in der Nähe, ich habe alles gesehen.

Er sagte, »ich bin's, André«. Die Frau ließ den Arm mit dem Foto sinken, sie sah ihn an ohne zu reagieren. Worauf er etwas Unglaubliches gesagt hat. »Na was, Mariette, ich sag' dir doch, ich bin's, André, bist du taub?« Aber er machte keine Geste, und sie auch nicht. Wie? Ein paar Sekunden Stille, und man stellt sich die Geschichte vor. Die tapfere kleine Frau, ganz allein, die sich vielleicht zwei Jahre lang durchgeschlagen hat, fest entschlossen, sich nichts mehr vormachen zu lassen. Sie stemmt die Hände in die Hüften und sie schreit, »na was schon, du, ich hätt's erkennen müssen, du hast dich nicht geändert!« Da kommt ein Schubsen auf, die umstehenden Frauen knuffen die Mariette und die Kumpel knuffen den Kumpel, und fast ein scherzhaftes Murren, »also nein, diese beiden, sie werden doch nicht streiten!« Und fast auch gezwungene Lacher, um ihnen zu helfen, »diesen beiden«, und die tapfere kleine Frau sinkt schluchzend in die Arme ihres André, der seinen Kopf im Haar seiner Gefährtin vergräbt, und dann waren sie für sich. Trotz der Beklemmung, die jeder empfand, gab es eine Art Seufzer der Erleichterung, einen kollektiven Stoßseufzer. Ich jedenfalls habe geseufzt. Und dann haben sich an diesem Abend noch andere wiedergefunden.

Adeline hat gesagt, »es muß schrecklich sein, wenn man einen nicht wiedererkennt«.

Für mich war dieser Mann um die vierzig Jahre alt, aber vielleicht war er nicht einmal dreißig, auch seine Frau schien noch jung.

Es stimmt, daß unter seinem Zorn wie ein Schrei die Angst durchbrach, nicht erkannt zu werden, aber es war der Zorn, der sich zeigte. Es gibt Menschen, die keine großen Ausdrucksmöglichkeiten haben, oder die nicht wollen oder sie verloren haben, und bei ihm war es der Zorn. In solchen Momenten starker Spannung fällt man leicht vom Dramatischen ins Komische, von Grobheit in Rührung.

Ich sehe das Bild wieder vor mir. Als hätten alle gemeinsam gedacht, man müßte den beiden ein wenig helfen. Und doch kann man sagen, daß es während der Stunden des Wartens viel Einsamkeit gab, jeder hatte sein Leid, seine Hoffnungslosigkeit, seine Hoffnung. Es war nicht fröhlich wie vor einem Jahr bei der Befreiung von Paris. Agathe hat mir erzählt. Sie wollte sich unbedingt in die Menge stürzen, sich austoben, die Soldaten sehen, die Schreie hören und mit den anderen schreien. Ich habe die Kinder gehütet. Natürlich war ich glücklich für Paris, für Frankreich, aber für mich war der Krieg nicht zu Ende. Da waren Rainer und sein Schweigen und die Ungewißheit, was mit Klara war. Und Deutschland wurde zerbombt, ich konnte mich darüber nicht freuen. Als Agathe wiederkam, hatte sie keine Stimme mehr. Wenn mein Bruder nicht zurückkommt, werde ich untröstlich sein, sagte sie mir, also vergnüge ich mich vorher, vielleicht zum letzten Mal.

Neulich, im Gespräch, hat Klara den Namen Pazuzu wieder gesagt, und heute abend habe ich die anderen gefragt, ob sie sich daran erinnerten. Antoine ging einen Karton mit allen unseren Zeichnungen von Pazuzu holen. Es war Adrien gewesen, der Hitler Pazuzu genannt hatte. Rainer hielt uns Vorträge über die babylonische Medizin. Mama hatte ihm eine Art Lexikon der Assyriologie geschenkt, und Adrien hatte sich vor allem Pazuzu den Grausamen gemerkt, den Dämon der Stürme, der sich seiner Flügel bedient, um überall das Böse zu säen, und Adrien hatte gesagt, »das ist Hitler, besser geht es nicht!« Pazuzu also, und ein Zeichenwettbewerb, wer den gräßlichsten Pazuzu hinbekäme.

Wir haben uns die Bilder angeschaut. Pazuzus aller Art, Fratzen schneidend, scheußlich, schwarz, in Farbe, mit Krallen, mit Flossen, mit Schnauzbart und ohne, mit Strähne, mit riesigen Flügeln und in Rainers Fall gesenkten Flügeln über einem ganz kleinen Penis, »um zu verbergen, was er nicht hat«, hatte er gesagt. Wir waren voll kindlicher Erfindungslust, um unsere Ängste zu unterdrücken.

Das ist es, was beim Ansehen der alten Bilder hochkommt. Unsere lächerlichen Versuche, uns abzureagieren, etwa wenn wir uns kaputtlachten über antisemitische Schriften, vor allem von Céline. Rainer brüllte buchstäblich vor Lachen, er sagte, »kein deutscher Schriftsteller wäre dazu fähig!« Danach hat er gesagt, »höchstens ein deutscher Jude!« Und wir lachten umso mehr. Ich erinnere mich. Nur Alban fand uns gräßlich. »Ihr werdet antisemitisch, das ist grauenhaft.« Wir konnten nicht mehr vor Lachen, als Alban uns so gräßlich und antisemitisch fand. Doch eines Tages hat Klara in bezug auf Hitler gesagt, »dieser Schuft! man ist dabei, Jude zu werden. Aber das war nicht der Punkt (wird man Jude ohne es zu wollen? oder, wie die Zeiten sind, stellt sich wohl eher die Frage: kann man es auch nicht sein, wenn man will?), sondern instinktiv suchte und fand man die Abwehr aller Verfolgten. Man lachte.

Es war eine andere Art, auszudrücken, was Mama mit sorgenvoller Miene sagte, »wie weit wird die Dummheit dieses Landes gehen?«

Ich erinnere mich, und heute abend haben wir davon gesprochen, wir trugen Gedichte vor, französische, englische, russische, Klara auf russisch, das sie akzentfrei spricht wie wir Französisch, Sprachen, mit denen wir aufgewachsen sind. Sie haben mich auch daran erinnert, daß ich sie zwang, mich *Deutschland, bleiche Mutter* singen zu hören, dann wurde nicht mehr gelacht, und Rainer sagte, »Lika, du gehst uns auf den Wecker mit deinem Brecht!«

Wenn ich daran zurückdenke, ja, was haben wir zu dieser Zeit (trotz dieser Zeit) gelacht, über Pazuzu, über die Pamphlete von Céline und so fort, bis Klara im Dezember 41 zur Volkszählung ging. Es war der helle Wahnsinn. Als hätte sie sich plötzlich zum Katholizismus, zum Judaismus, zum Nazismus oder sonst etwas bekehrt, völlig abwegig. Danach fand ich keine Ruhe mehr. Ich zeigte es nicht, aber ich habe alles getan, damit sie den Ort wechselte, damit sie wegging. Sie konnte bei mir wohnen und ich bei ihr. Agathe hat ihr das gleiche vorgeschlagen, ebenso Antoine und Adeline. Das war ein Minimum an Sicherheit, da sie etwas anderes nicht wollte, vor allem nicht den Namen ändern. Obwohl auch diese Lösung möglich war. Rainer suchte überall wie ein Verrückter, alle beide wollten weg. Fest stand nur, und darin waren wir einig, die Zuflucht bei Lisa aus Tours abzulehnen. Keiner von uns dreien wollte Lisa mit ihren drei noch kleinen Kindern und ihrem, wie man heute weiß, nicht sehr zuverlässigen Ehemann kompromittieren. Dabei hat sie insistiert, unsere gute Lisa, aber wir sind standhaft geblieben. Auch Mama hätte es nicht gewollt.

Lisa bei uns in Berlin, Lisa und ihre gut gemeinten aber anspruchsvollen Lektionen (die Diktate, die Grammatik, die Fabeln von La Fontaine, Victor Hugo, Ronsard, Lamartine usw.), ihr Stolz, aus der Touraine zu stammen, »Achtung, Kinder, ich spreche das Französisch der Touraine«, als hätte es Seltenheitswert!

Ich muß ihr Bescheid geben wegen Klara und Victoire. Von Rainer weiß sie.

Es ging um Berlin, als Klara den Namen Pazuzu aussprach. Sie sagte, »hätte ich diese Stadt nicht geliebt, hätte ich in Berlin das Lachen wiedergefunden, weil ich gleich an Pazuzu denken mußte. Er hatte gesagt, ihr werdet Deutschland nicht wiedererkennen, man konnte in Berlin nicht nicht an ihn denken. Die Deutschen haben recht gehabt, ihm zu glauben, wenn man Dresden, Berlin, Leipzig, Linz und all die anderen Städte in Trümmern liegen sieht, Hitler hat nicht gelogen, Deutschland ist nicht mehr wiederzuerkennen. Aber ich habe nicht gelacht. Hätte ich noch Tränen gehabt, sie wären für Berlin geflossen. Das war kein Kriegsbombardement, sondern ein Zermalmen, ein Bombenhagel zur Sühne. Durch das Feuer hat sich Deutschland von den Juden gereinigt, durch das Feuer wurde Deutschland von den Nazis gereinigt.«

Ich sagte, »glaubst du das wirklich?« Sie, »nein«.

Sie hat auch gesagt, »ich habe die Bombenangriffe auf Berlin nicht miterlebt. Ich war im Juni dort, so konnte ich an eine Naturkatastrophe glauben, nicht an die Bestrafung. Ich glaubte an das Schicksal, nicht an Züchtigung. Ich war nicht dort in den Tagen der Verwüstung, als Berlin in Flammen stand, ich kam in die Trümmer und aus Mitleid...«

Ich: »Aus Mitleid?«

Sie: »Ja, aus Mitleid.«

Später sagte sie, »es gab gute Fotos«.

Sie erklärte mir, sie hätte einen Apparat wiedergefunden – sie sagte nicht, gestohlen –, es sei ein angefangener Film darin gewesen, sie habe ihn abgeknipst, herausgenommen und den Apparat zurückgelassen.

»Ich konnte acht Fotos machen, der Rest, das werden gute fette Nazis sein.«

Ich frage mich, was sie wohl in Berlin gemacht hat. Sie ist drei Wochen geblieben, hat sie mir gesagt.

Montag, 6. August 1945, Henri-Martin

Ich bin im Wohnzimmer, zu Hause.

Klara liegt in unserem Schlafzimmer. Sie schläft. Es ist zehn Uhr. Ich sehe alle Viertelstunde nach, aber sie schläft. Sie hat sich nicht gerührt. Eben hat Alban angerufen, er sagt, ich solle mich nicht beunruhigen.

Jedenfalls hat sich heute nachmittag ein seltsames Ereignis zugetragen. Tragikomisch werden wir sagen, wenn nichts Schlimmeres daraus wird, wie Alban versichert.

Heute morgen sind wir beide aus Barbery zurückgekommen. Agathe bleibt noch bis Mittwoch. Ich glaube, sie hatten über ihre berufliche Zukunft zu reden. Agathe möchte sich am liebsten in schöpferische Tätigkeiten stürzen, Modelle entwerfen, aber ihr Vater kann ihr im Bereich der Innenarchitektur helfen, wo er zahlreiche und handfeste Beziehungen hat. Antoine zufolge hätte sie da die besten Chancen, weil das ihrer Ausbildung und ihren Diplomen entspricht.

Ich wollte den Tag für mich reservieren, um den Haushalt hier etwas in Ordnung zu bringen und die Vorräte aufzufüllen, ich habe noch Marken übrig. Am Abend sollte ich wieder in der Rue Richer sein, um die Nacht dort zu verbringen. Ich bin also einkaufen gegangen. Als ich zurückkam, gleich das Telefon. Ich habe alles im Eingang stehenlassen. Es war Alban. Er sagte, er käme jetzt mit

Klara nach Hause, es sei etwas gewesen, aber nicht schlimm. Ich schreie ins Telefon, aber er, »nichts, nichts Lika, sie schläft, wir legen sie in unser Zimmer«. Ich höre, daß er beinahe lacht, aber ich verstehe nichts, ein Schub Angst, er läßt mich hängen. Ich weiß nicht wie lange, genug, um alle möglichen verrückten Dinge und ihr Gegenteil zu denken. Ich lasse die Tür halb offen, um nichts zu verpassen.

Es versetzt mir einen Schock. Alban im weißen Kittel mit Klara auf den Armen. Schon an der Tür, »reg' dich nicht auf, Lika, ich sage dir, sie schläft«. Es ist seltsam, seltsam der Ton, in dem Alban das sagt, und Klara wie tot. Zum Glück bewege ich mich nicht vom Fleck. Ich folge ihnen nicht einmal ins Schlafzimmer.

Im Wohnzimmer läßt Alban sich mit einem breiten Lächeln in den Sessel sinken.

»Ein richtiger Knochensack! Komm, wir trinken einen Kaffee, Lika, und ich erklär' es dir. Dann muß ich wieder gehen. Sei nicht dumm. Wenn es ernst wäre, hätte ich sie nicht hierher gebracht. Das Krankenhaus ist kein Schlafsaal, und ich sage dir, sie schläft. Sie schläft! Sie schläft!«

Er scheint zufrieden und das beruhigt mich.

Ich rekonstruiere also.

Wenn ich recht verstanden habe, hat man ihn von einem Café in der Rue de Buci angerufen. Alban bat einen Kollegen, ihn zu vertreten. Alle auf der Station kannten den »Fall Klara«, von Anfang an. Alban sagt, er sei gerast. Als er ankam, im weißen Kittel und mit dem ganzen Klimbim, wie er es nennt, wurde er schon erwartet. Man hatte Klara auf eine kleine Bank hinten im Café gelegt.

Im ersten Moment glaubt Alban genau wie die anderen an eine Ohnmacht. Er fühlt ihren Puls, horcht sie mit dem Stethoskop ab, und dann geht ihm auf, daß sie einfach schläft, tief und fest schläft, regelmäßiger Puls, freier Atem, ein ganz normaler Mensch, der schläft. Es ist ihm sogar gelungen, den Blutdruck am Oberarm zu messen. Sie hat nicht mit der Wimper gezuckt, kaum eine Miene verzogen, wie Alban sagt. Der Blutdruck ist niedrig, aber nichts Alarmierendes. Als er den Leuten im Café seine Erkenntnisse mitteilt, können sie es nicht fassen. Anschließend erzählen sie ihm, was sie wissen.

Klara saß schon eine ganze Weile an einem Tisch zur Straße hin, am Fenster. Ein Gast kam herein, er hat Klara gesehen und soll zu ihr hingegangen sein, er habe wohl etwas zu ihr gesagt, sie haben nicht darauf geachtet. Erst als sie aufstand und ihm eine schallende Ohrfeige versetzte, haben sie gemerkt, was Sache war. Sie hat ihn mit aller Kraft geohrfeigt, haben sie Alban gesagt, »dieses Häufchen Elend, nur Haut und Knochen, aber das muß man gesehen haben, der Kerl hat Blut gepißt, er hat sich nicht verteidigt, dieser Vollidiot!« Und die Wirtin hat gesagt, »als wir kapiert haben, bin ich hingerannt, ihr Ärmel war hochgerutscht und ich habe die Zahlen gesehen. Man hatte ja schon von den Nummern gehört, aber gesehen, nie, mit eigenen Augen, das nie.«

Alban ahmt die Wirtin perfekt nach und muß darüber lachen.

Albans Erklärungen zufolge hat der Typ Klara angegriffen, weil er sie für eine Geschorene hielt. Ich weiß nicht, ob Klara über diese erbärmlichen Ereignisse im letzten Jahr auf dem laufenden ist. Es soll nicht nötig gewesen sein, sie zur Ruhe zu bringen, sie sei, immer noch den Leuten im Café zufolge, auf den Tisch und dann auf die Seite gefallen. Zuerst müsse sie bewußtlos gewesen sein, meint Alban, und sei vielleicht wieder zu sich gekommen, als man sie auf die Bank trug, wo sie schlagartig eingeschlafen wäre.

Ich habe gefragt, ob der Mann Anzeige erstatten könnte, aber nach dem Bericht der Leute soll er eher beschämt gewesen sein, auch er muß die Tätowierung gesehen haben. Er hat sich sauber gemacht und ist mit den Worten gegangen, er würde wieder vorbeikommen, kein Problem also von dieser Seite. Alban hat gesagt, »was für ein Schwachkopf! Geschorene zu sehen, und das heute! ein Jahr danach! jedenfalls hat er sich unsere Telefonnummern geben lassen, um sich nach dem Befinden unseres Boxers zu erkundigen!«

Ich habe auch gefragt, wie sie an Albans Nummer gekommen waren. Worauf er mir gestanden hat, daß er Klara gezwungen hatte, sie zusammen mit der hiesigen immer in der Tasche zu haben, und daß er auf seiner Visitenkarte vermerkt hatte, »im Notfall dringend Dr. Naël, Station soundso, verständigen...« Klara hätte das akzeptiert. Als sie hingefallen ist, könnte ihr alles mitsamt den Schlüsseln aus der Tasche gerutscht sein, oder sie haben sie durchsucht.

Das zeigt mir, daß Alban doch nicht so ruhig ist, und daß er seine Gründe hat. Mittwoch bekommen wir die Laborergebnisse.

Er hat mir auch gesagt, er wolle mir von der Begegnung zwischen Klara und Fabienne erzählen. Es ist ihr nicht gelungen, sie vollständig zu untersuchen. Klara hat sich geweigert, sich unten herum auszuziehen, man weiß daher nur, daß sie mit langer Hose und ihren Bergsteigerschuhen achtunddreißig Kilo wiegt, das ist wenig. Aber obwohl der Kontakt schwierig war, hat Alban mir gesagt, sei Fabienne schwer beeindruckt. Er ist froh, weil er findet, daß diese Kollegin genau die richtige Person für Klara ist. Zurückhaltend und voll freimütiger Autorität. Wenn Klara annimmt, gibt es keine Bessere für die medizinische Vermittlung. Fabienne hat sie dazu gebracht, Zuckermilch zu trinken!

Sonntag abend in Barbery hat Alban mein Heft auf dem Tisch unseres Zimmers liegen sehen. Er hat gefragt, was das sei, und dann, ob er lesen dürfe. Ich habe gern zugestimmt. Es sind Notizen, das stört mich nicht im geringsten. Danach hat er etwas sehr Komisches gesagt.

»Ich wußte gar nicht, daß man ein Tagebuch mit soviel Dialogen schreibt. Das ist wie eine Geschichte, es macht mich neugierig, zu wissen, wie es weitergeht.«

Ehrlich gesagt, weiß ich selbst nicht, wie man Tagebuch schreibt, ob es überhaupt eine Schreibweise dafür gibt. Die Dialoge sind dazu da, schneller voranzukommen, eine praktische Frage gewissermaßen. Ich versuche, so knapp wie möglich zu sein, indem ich das Denken rekonstruiere, während es ausgesprochen wird. Ich gebe wieder, was ich kann oder was ich will. Wie soll man unterscheiden zwischen können und wollen?

Dienstag, 7. August 1945

Es ist Mittag. Sie schlafen alle beide. Ich wage kein Geräusch zu machen. Ich habe Alban gehört, als er nach Hause kam. Er ist ins Schlafzimmer gekommen. Mit einer Lampe hat er Klara angeschaut und mir nur kurz über das Haar gestrichen. Er muß im hinteren Raum oder in Victoires Zimmer sein. Ich habe mich gegen drei Uhr morgens neben Klara aufs Bett gelegt. Vorhin schlief sie auf der Seite. Jetzt schläft sie mindestens schon achtzehn Stunden. Ich hoffe, das ist gut.

Alban hat mir auch erzählt, was ihm passiert ist, als er den anderen Klaras Situation erklären wollte. Vielleicht wegen der Spannung seit ihrer Rückkehr, der Unsicherheit nach dem Anruf oder einfach aus einer schon mehrere Jahre alten Müdigkeit heraus, egal, jedenfalls überkam ihn ein Wahnsinnslachen. Es war ihm sehr peinlich... er versuchte zu erklären, daß Klara seit vierzehn Tagen so gut wie gar nicht geschlafen hatte und wir auch nicht viel, und daß sie jetzt auf einmal schlief, es sei zu komisch, sie da wie ein Baby liegen zu sehen nach dem, was sie mit diesem Typ eben gemacht hatte. Ihm tat der Bauch weh vor Anstrengung, das wahnsinnige Lachen zu unterdrükken. Er dachte in rasender Geschwindigkeit, nach Klaras verrücktem Auftritt könnten die Leute auch ihn für verrückt halten, und sie könnten ihm gegenüber mißtrauisch werden, ja sogar an seinem Beruf zweifeln. Diese Befürchtung hat ihn gebremst, aber nicht schadlos gehalten.

Ohne daß er es mir sagt, weiß ich, daß Alban dieses Wahnsinnslachen nicht gemocht hat. Vielleicht beunruhigt es ihn.

Gestern auf dem Rückweg von Barbery sprachen wir über Victoire. Sonntag hat sie uns allen zugesetzt mit ihrer Quengelei. Ich hatte die Kinder mitgenommen, um Agathe und Alban vom Bahnhof abzuholen, und seit diesem Augenblick wollte sie nur noch auf seinem Schoß sein oder verlangte, daß er mit ihr spielt. Bei Tisch mußten wir zweimal mit ihr schimpfen. Sie stört, bis man ihr zuhört, und dann sagt sie nichts mehr und rennt überall herum.

Nachmittags saßen wir unter der Linde, Adrien hatte Victoire dazu gebracht, mit Isidore zu spielen, um sie vom Tisch fernzuhalten. Das Spiel mit der Gießkanne hat Victoire abgelenkt, aber sie kam sehr bald wieder zu uns. Ohne sich abzustimmen wird vor ihr nicht über Klara gesprochen. Es geht nicht. Es war schwierig, ein zusammenhängendes Gespräch zu führen. Erst beim Abendbrot war Ruhe, aber vorher hat Victoire lange Faxen gemacht, um in unserem Bett zu schlafen. Agathe und Alban sind unnachgiebig geblieben. Agathe hat gesagt, »Malika und Palan machen heute abend auf verliebt, also schlaft ihr in meinem Zimmer«. Aber Victoire wollte mit uns auf verliebt machen, und Isidore sagte mit seiner tönenden Stimme, die uns so oft zum Lachen bringt, »ich auch, ich mache auch auf verliebt«. Ich muß zugeben, daß es mich krank macht, mit Victoire zu schimpfen, aber so kann man sie nicht lassen. Sie ist unglücklich, man merkt es an ihrem nervösen Kichern, sie schreit mehr als gewöhnlich, sie hat einen mauligen Ton. Während die beiden in der Küche zu essen bekamen, hat sie herausfordernd gesagt, »und überhaupt, Isidore ist *mein* kleiner Bruder, nicht von euch«. Ganz ernst. Aber Isidore ist schlau, er hat im gleichen Ton gesagt, »ja, und Victoire ist *meine* kleine Schwester, nicht von euch«. Bisher schlägt er sich erstaunlich gut, um nicht von Victoire geschluckt zu werden. Wenn sie ihn beherrschen will, stellt er eine Komplizenschaft her, und das bringt Victoire aus der Fassung. Sie hat auch gesagt, »Victoire ist nicht böse«, was zeigt, daß sie unsicher ist. Wir haben gesagt, du bist nicht böse, aber biestig. Biestig macht ihr nichts, das ist nicht so schlimm.

Es stimmt, daß sie uns nicht mehr oft zusammen sieht. Sonntag war das erste Mal seit Klaras Rückkehr. Sie ist ganz einfach beunruhigt.

Wir müssen eine Erklärung finden, die sie verstehen kann. Wir müßten auch mit Klara ein längeres Gespräch ins Auge fassen, um genau zu wissen, was sie will. Alban findet, es sei zu früh. Ich auch.

Donnerstag, 9. August 1945

Klara hat zweiundzwanzig oder dreiundzwanzig Stunden an einem Stück geschlafen. Aufgewacht gegen drei Uhr Dienstagnachmittag. Genau in dem Moment war ich im Zimmer. Ich brauchte Sachen aus der Kommode. Ich habe mich nicht umgedreht, ich sah alles im Spiegel. Vielleicht lag es an der Schublade.

Sie drehte sich auf den Rücken, ihre Augen waren geschlossen. Ich sagte sehr leise Klara, Klara. Sie zog die Beine hoch, streckte sie wieder aus, hob die Arme auf das Kopfkissen, ich erkannte ihre Tätowierung, es war das erste Mal, sie hielt die Augen immer noch geschlossen, ich rührte mich nicht. Ich habe gewartet bis sie sagte, ICH BIN HUNGRIG. Ich wandte mich um, schläfst du, Klara? sie sagte JA, und dann wieder ICH BIN HUNGRIG. Ich setzte mich an die andere Seite des Bettes, sie hielt die Augen immer noch geschlossen.

»Schläfst du?« Ich sah mir ihre Tätowierung genauer an, ich hatte einen Kloß im Hals. Es ist grauenvoll. Es kroch mir ins Bewußtsein, da, ganz nahe bei ihr, die im Begriff war, aufzuwachen. Sie roch stark nach Schweiß... Sie machte die Augen einen Spalt auf, dann wieder zu, ich wagte nicht sie zu berühren. Am liebsten hätte ich etwas Musik angestellt, um sie sanft zu wecken, und so summte ich ganz leise. Ich merkte, daß sie zuhörte. Darauf sagte ich, »bist du hungrig, Klara?« Sie, »ich habe Deutsch gesprochen«. Ich sagte ja, ein bißchen. Sie, »vergiß es... ja, ich bin hungrig… ein bißchen«. Ich, »was magst du?« Sie, »Kaffee mit Milch, Brot und Butter«. Ich, »großartig, Klara! und, willst du erst ins Bad?« Sie, »ja, ein Bad«. Ich, »hoffentlich gibt es noch heißes Wasser, Alban hat eben geduscht«. Sie, »ist nicht schlimm«.

Ich sagte Alban Bescheid, der gerade aus der Dusche kam. Wir ließen Wasser in die Wanne laufen, zusätzlich setzte ich einen großen Kessel auf, das Badewasser war nur lau.

Es verging mindestens eine halbe Stunde, bis Klara in Erscheinung trat. Alles war vorbereitet. Zum Glück hatte Adeline mir Butter und drei Gläser Pflaumenmus gegeben. Sie kam herein mit ihren Schuhen in der Hand, sie sah komisch aus. Eine Art Lächeln stand auf ihrem Gesicht. Sicher sollte es ein Lächeln sein, aber es wurde ein krampfhaftes Grinsen, und etwas Neues, ein seltsames Gurgeln in der Kehle als sie sagte, »ick hab gepooft, die alte Spindel hatte es wohl nötig…«. Vielleicht war es ein Lachen, aber kein Lachen, das man kennt. Nur ein Kehlkopf, der sich erinnert.

Ich bot ihr frische Kleidung an, sie, »ein Schlüpfer, Socken und ein Pullover«. Eine Hose von mir hat sie nicht haben wollen, sie will ihre anbehalten.

Man hörte das Klacken des Riegels im Bad. Alban, durch die Tür, »Klara, es kommt niemand rein, aber mir ist es lieber, wenn du nicht abschließt, verstehst du?« Schweigen, dann hörte Alban, »Scheiße«.

Sie machte nicht auf.

Mir fiel ein, in den ersten Tagen hatte sie gesagt, da unten mußte man sich draufsetzen, auf seine Scham, um sie zu bewahren, und jetzt ein Wasserklosett zum Abschließen, *closed water-closet*, alles *to close*.

Etwas später rief ich hinein, »Klara, du kannst mein Parfüm nehmen, wenn du magst…«. Schweigen, dann, »stinke ich?« Aggressiv. Ich, etwas genervt, plötzlich entnervt, »ja, du stinkst, Klara, aber mach was du willst«. Alban zu mir, »immer mit der Ruhe, Lika!«, und wie um sich selbst zu überzeugen, »wir müssen ruhig bleiben, ganz ruhig…«.

Während wir in der Küche auf Klara warten, erzählt Alban mir von der Untersuchung bei Fabienne. Nach dem ungefähren Wiegen habe sie gesagt, »nein, so wenig, das ist doch nicht die Möglichkeit! Sie müssen essen, Klara! Nichts hindert Sie, so schaffen Sie es nicht, und außerdem, Sie sind jung, das sieht nicht gut aus, ein bißchen was Rundliches stünde Ihnen besser!«

Alban kommentiert, »sie geht etwas rabiat heran, die gute Fabienne, aber vielleicht ist das nicht übel, und wie sie ist, kann sie sich das leisten…«.

Klara soll erwidert haben, »was verstehen Sie davon… und Sie? Sie sind eine fette Kuh«. Ich lasse Alban wiederholen. Tatsächlich, das hat sie gesagt, Sie sind eine fette Kuh. Fabienne habe schallend gelacht. Alban schildert mir seine Kollegin eher als ein zierliches Persönchen um die vierzig, alles andere als dick. Ihr zufolge seien die beiden im Grunde gut miteinander ausgekommen, daher die Zuckermilch am Abend, die Klara akzeptiert habe. Während sie Alban die Geschichte erzählt hat, mußte sie immer noch lachen, und sie hat gesagt, nachträglich habe sie sich gefragt, ob das nicht ein Kompliment gewesen sei, wie eine Art spezielles Lagervokabular.

Im übrigen habe Klara offenbar seit Drancy keine Regel mehr gehabt, das heißt seit 42, faktisch jedoch seit vor der Empfängnis von Victoire, denn einen Monat nach der Geburt hatte sich ihr Zyklus noch nicht wieder normalisiert. Aber das erfahre ich nicht durch Alban, Klara hatte es mir auf ihre Art gesagt.

»Wenigstens dieses Blut haben sie da unten nicht gekriegt.«

Sehr ungezwungen hatte sie mir erklärt, wie praktisch es war, ohne zu leben, wie sehr ihr das entgegenkam, ich erinnere mich, sie sprach über die Ruhr, über die peinlichsten Dinge, so entsetzlich und unglaublich, daß es mir schwerfällt, sie aufzuschreiben.

»Die Franzosen sagten *chiasse*. Ein gutes Wort dafür, *chiasse*.

(*Bauchfluß* ist auch nicht schlecht.) Wir waren ganz voll davon, und kein Wasser, nichts zum Wechseln. Die Nazis sind dreckige Leute. Sauber sind sie nur, wenn die anderen dreckig sind. Unter diesen Umständen kann niemand sauber sein, das halten nicht einmal die Tiere aus, sie lecken sich. Was sollten wir tun. Und obendrein noch Blutungen, stell dir vor, nein es ist gut so.«

Wir aßen zusammen, Klara unerschütterlich und mit nassen Haaren. Sie hatte Parfüm benutzt, das von Alban...

Alban: »Na Klärchen? Da hast du dir ja eine gute Mütze Schlaf geholt!«

Klara: »Wie viel?«

Ich: »Zweiundzwanzig oder dreiundzwanzig, je nachdem, wann du angefangen hast.«

Sie: »Ja, und ohne Albtraum. Wie bin ich hergekommen?«

Alban: »Mit mir, Klara.«

Der leichte Ton ist schnell dahin, Alban hat das Klärchen fallen lassen müssen!

Ich: »Darf man wissen, was passiert ist? Erinnerst du dich?«

Sie: »Ja. Eben stand es mir vor Augen. Irgend so ein großer Kerl kam an meinen Tisch und sagte, »na Schätzchen, ham wir uns 'ne schöne Zeit gemacht?« Er wollte mir an den Kopf fassen. Ich habe Rot gesehen, und ich habe ihn geschlagen, mit der Faust und mit dem Ring. Es hat geblutet, ich habe es gesehen. Danach weiß ich nicht mehr...«

Ich: »Keine Ohrfeigen also, sondern Faustschläge?«

Sie: »Ja, mit der Faust, aber ich habe den Ring verloren.«

Alban stürzt ins Bad und kommt mit dem Ring zurück. Er hatte ihn in seiner Hosentasche gelassen und mit dem übrigen Zeug zur schmutzigen Wäsche getan.

Klara steckt ihn wieder auf. Es ist der viereckige Ring mit den sechs kleinen spitzen Diamanten. Kein Wunder, daß das blutet! Für meinen Geschmack ist er nicht schön, aber wirksam!

Ich: »Und jetzt, fühlst du dich besser? Das tut gut, oder?«

Sie: »Ja, aber mir tut alles weh.«

Alban: »Das ist normal, über zwanzig Stunden ohne sich zu bewegen, und ausgezehrt, wie du bist, dann ist das normal. Morgen geht es sicher besser.«

Über die Rue de Buci gibt es nichts mehr zu sagen. Wir wechseln das Thema.

Alban: »Und mit Fabienne, ist es gut gelaufen?«

Sie: »Sie hat dir erzählt.«

Alban: »Ja, etwas… und du nennst meine Kollegin eine fette Kuh?«

Wieder kommt das Gurgeln, wie vorhin, als sie mit den Schuhen in der Hand aus dem Zimmer kam.

Klara: »Da unten wäre sie eine gute Blockova gewesen.«

Wir mit einem Fragezeichen im Gesicht.

Sie: »Das ist die Blockwartin, auf polnisch Blockova, die Chefin. Meine Freundin aus Praha war Blockova, eine gute Blockova, wie deine Kollegin. Selten. Ein guter Chef zu sein, das ist selten. Meine Freundin aus Praha war so…«

Ich: »…wo ist sie…?«

Sie: »Tot.«

Schweigen.

Ich: »Und deine anderen Freundinnen? Neulich hast du mir gesagt, du hättest mehrere gehabt…

Sie: »Drei. Drei Freundinnen. Ich habe drei Freundinnen gehabt. Die Freundin aus Praha, Fotografin wie ich, die Freundin aus Linz, die jüngste, Jurastudentin, und die Freundin aus Kraków, Krankenschwester… nicht Krankenschwester, sie half Kindern zur Welt kommen.«

Alban: »Hebamme.«

Sie: »Ja, Hebamme. Sie hat mehrere Kinder getötet.«

Wir, Schweigen. Alban beginnt auf seinem Stuhl hin und her zu rutschen, er reibt sich mit den Handflächen die Augen.

Klara: »Wenn Stoff da war, hat sie Spritzen gegeben, sonst hat sie erstickt… um die Mutter zu retten… niemand… ist mit einem Baby von da unten zurückgekommen… nie… die polnische Freundin hat das gemacht. Danach wollte sie sich immer umbringen, sie wollte in den Stacheldraht laufen… dann hat es der Typhus gemacht, er hat sie getötet. Winter 44.«

Wir, Schweigen. Etwas später.

Ich: »Und die andere, die Freundin aus Linz?«

Sie: »Die Kleine, ja. Die jüngste… zwanzig Jahre… auch Winter 44… tot. Es waren der Typhus und ich.«

Wir, Schweigen. Wir sehen sie an.

Klara: »Ich habe mehrmals getötet… eine Drecksau, eine fürchterliche Drecksau… sie ist ganz zufällig gestorben… wir haben einen wunderbaren Unfall hingekriegt…«

Und das gurgelnde Lachen.

Ich: »Du hast sie getötet?«

Sie: »Nur etwas. Wir waren mehrere, ein Freudenfest, wir haben dabei gelacht, ein guter Scherz… Ich habe mehrmals getötet, diesmal in Gesellschaft und mit Wohlbehagen, ein anderes Mal… allein und unter Schmerzen… die Kleine aus Linz… es ging um Tage oder Stunden… sie hatte mich gebeten… angefleht… ich hatte es versprochen… ich konnte mir das Mittel nicht aussuchen…«

Wir, Schweigen. Und, weil man es zu Ende bringen muß:

Alban: »Wie?«

Klara: (Sie legt sich die Hände um den Hals.) »Erstickt.«

Jetzt ist es an ihr, uns anzusehen, und sicher machen wir dumme oder entsetzte Gesichter, ich weiß nicht. Was ich weiß ist, daß ich da bin und nichts denke, nicht zu denken wage. Ihre großen Augen sind auf uns gerichtet, grau, blau-grau, ruhig und kalt.

Dann ihr kehliges *Ersatz*-Lachen. Sie sagt, »wenn ihr sehen könntet, was ihr für Gesichter macht«, und in fast leichtem Ton, mit einem Seufzer, »Wahnsinn, wie lange ein Gerippe braucht, um zu sterben«.

Wir, Schweigen. Warten. Wir spüren beide, daß sie sprechen will. Sie begreift, daß wir bereit sind, ihr zuzuhören. Man muß zuhören. Alles, was sie sagen will, muß man hören. Sie nimmt sich Zeit.

Klara: »...ich habe keine Träne mehr, um euch zu sagen, daß meine drei Freundinnen nicht durchgehalten haben... meine normalen Freundinnen... sie sind alle drei gestorben, ich habe sie alle drei verloren, Winter 44, Anfang 44, Februar glaube ich. Ich habe alles getan, um sie zu retten, jede, eine nach der anderen, ich habe mich verausgabt... ich habe gestohlen, gelogen, ich habe mich geschlagen, physisch geschlagen, habe alles riskiert, genau wie du, wie ihr, wie ihr es getan hättet, wie sie es getan hätten, verrückte Sachen, lächerlich, aber da unten verrückt, tollkühn, ich will mich nicht rühmen...

Danach, nein. Danach ist mir auch geholfen worden, ich habe noch geholfen, aber ich war nicht mehr freigebig, nicht mehr genug, nie mehr genug... ich habe aufgepaßt, habe meine Hilfeleistungen berechnet, ja, das kann ich wohl sagen, und vor allem habe ich keine Freundinnen mehr gewollt, ich habe abgelehnt, mehr und mehr... alles, alles aus Berechnung, um zu überdauern, ich habe meine Hilfe nach dem bemessen, was sie mir einbrachte, es gelang mir noch, mehrere Schritte vorauszusehen, wie beim Schach, am Ende nicht mehr, ich war zu abgestumpft, der Geist war Watte, wie soll man sagen... einfach Nebel, dann haben der Zufall, das Glück keine Bedeutung mehr, das ist alles. Nichts Glorreiches. Nach dem Tod meiner Freundinnen hat es übrigens nie mehr irgendetwas Glorreiches für mich gegeben. Nur noch die tägliche Aufgabe zu überdauern. In einem anderen Leben würde man es eine Schande nennen, aber ich habe keine Gewissensbisse, wie ich auch keine Skrupel hatte... mit dem bißchen Intelligenz, das mir geblieben war, und der Wachsamkeit eines Tieres, sonst nichts...«

Wir, Schweigen. Später.

Ich: »Und ihre Namen?«

Sie: ?

Ich: »Ihre Vornamen... deine Freundinnen...«

Sie: »Hübsche Vornamen, alle drei.«

Wir haben verstanden, nichts hätte sie dazu gebracht, diese Vornamen zu sagen.

Ich: »Du willst sie nicht sagen, ist es das?«

Sie: »Ja, das ist es. Sie haben kein Grab bekommen. Mit mir werden ihre Namen verschwinden. Ihre Namen werden sterben, wenn ich sterben werde... meine Reise habe ich zum Teil für sie gemacht. Ich war in Kraków, in Praha, in Linz und für mich, die ich ebenso tot bin, in ganz Deutschland... überlebend hat man es genannt... unterlebend wäre besser... man muß die Wörter denken... unterlebend, das ist richtig... ich habe den Himmel über Kraków, über Praha, über Linz betrachtet und dabei an sie gedacht. Drei Beerdigungen, die ich ganz allein gefeiert habe... ihr Gedenken in meinen Gedanken war ihr Sarg... ich bewahre ihre Namen und ich bin ihr Grabmal... so ist das.«

All diese Seiten waren schwer zu schreiben. Aber wie erst zu leben...

Weil sie das alles getan, gelebt, erlitten hat, sind wir ihr schuldig, sie anzuhören, wenn nicht zu verstehen. Das ist es, was sie will. Wahrscheinlich weiß sie nicht, welche Gewalt sie uns antut. Es sei denn, das wäre eine Garantie für ihr zukünftiges Gleichgewicht. Offenbar hat sie einen sehr sicheren Instinkt dafür erworben, was getan werden muß, um zu überdauern, wie sie sagt, unter allen Umständen.

Danach waren wir am Champ-de-Mars, um frische Luft zu schnappen. Alban und ich waren wie betäubt. Am Abend haben wir sie mit dem Auto in die Rue Richer zurückgefahren. Sie hat uns überzeugt, daß sie diese Nacht allein bleiben könnte, daß sie nicht schlafen würde. Wir haben ihr das Versprechen abgenommen, notfalls ein Taxi zu nehmen und wieder zu uns zu kommen. Alles ging gut. Alban und ich konnten den Abend allein sein.

Wir haben viel geredet. Alban hat mir über Japan berichtet, Montag die Atombombe auf eine Stadt, Tausende von Toten in ein paar Sekunden. Grauenhaft. Ich muß Radio hören.

Samstag, 11. August 1945

Die Stadt war Iroshima. Vorgestern eine Atombombe auf Nagasaki, es nimmt kein Ende. Hunderttausende von Toten in jeder dieser Städte, Zivilbevölkerung natürlich. In ein paar Sekunden. Japan hätte kapituliert, warum also, warum noch Tote? Und man weiß nichts über die Folgen. Vorhin, am Telefon, sprach Alban über sein Entsetzen. Man weiß nicht, wie die Nachwirkungen für die Lebenden sein werden, ja sogar für zukünftige Kinder, deren Eltern betroffen sind, sagte er mir. Und für wie viele Jahre oder Jahrzehnte?

Ich war noch einmal im Café, um ihnen für ihre Freundlichkeit zu danken. Ich habe ihnen gesagt, daß Klara zwanzig Stunden ununterbrochen geschlafen hat. Die Wirtin wiederholte, »das ist ja nicht zu fassen, wirklich nicht zu fassen! armes kleines Persönchen«. Ich habe ihnen ein Glas von dem Pflaumenmus geschenkt, das Adeline mir gegeben hat. Sie haben sich gefreut.

Ich stand an der Theke, der Kellner ging zu einem Gast an einem Tisch neben dem Fenster. Er sagte etwas zu ihm und kam mit ihm an die Theke zurück. Es war Klaras Punchingball. »Ich bin der Schuldige, Jérôme Legris, ich weiß nicht, was ich tun soll. Sie sind eine Freundin der armen kleinen Frau.« Ich mußte mir das Lachen verkneifen, weil er ein Veilchen am rechten Auge hatte, und dann habe ich einfach losgelacht und ihm gesagt, Klara habe wahrhaftig ganz schön zugelangt. Das hat die Atmosphäre entspannt. Ich habe gesagt, »da hat sie ja was angerichtet!« Er, »oh, macht nichts, ist mir ganz recht geschehen... aber etwas schräg ist sie schon, oder?« Ich habe gesagt, »ja und nein, wahrscheinlich nein, sie hat ihre Gründe, so schnell kann man nicht urteilen, neunundzwanzig Monate Lager, man kann nicht wissen«.

Sie machten den Eindruck, als stimmten sie zu, es schien sie sehr zu berühren.

»Man lernt jeden Tag dazu«, sagte die Wirtin, »aber das hätte ich nicht für möglich gehalten. Dabei sind uns hier schon Gestalten vorgekommen, unglaublich, was es für Komische gibt, aber so etwas, ein wütendes kleines Gerippe, noch nie!«

Offensichtlich gefällt ihnen dieser Ausdruck, kleines Gerippe. Er wurde nicht bösartig gesagt, eher mit einem Anflug von Bewunderung und Erheiterung. Ich glaubte zu begreifen, daß auch sie bei Klaras Anblick an eine hier geschorene Frau gedacht hatten (ebenso idiotisch wie der Typ), darum übertrieben sie vielleicht. Ich vermute es, weil der Kellner in einem bestimmten Moment zu dem jungen Mann gesagt hat, »gut, du hast Mist geredet, aber das hätte uns auch passieren können, du konntest ja nicht wissen«. Doch der junge Mann ließ nicht locker. Er sagte, »ja, aber ich war es, der seine große Klappe aufgerissen hat, verstehste, nicht du, das mußte mich mal wieder treffen«.

Ich fand, daß er reichlich dick auftrug. Ich sagte, »schön, aber Klara ist nicht tot, das hat ihr sogar erlaubt, zweiundzwanzig Stunden zu schlafen, was eher gut für sie ist. Auf jeden Fall, selbst wenn sie eine Geschorene wäre, war das jedenfalls keine kluge Idee. Was man hier mit den Frauen gemacht hat, ist grauenhaft. Ich will Ihnen nur sagen, daß ich nicht einverstanden bin, und ich ziehe es vor, nicht weiter über dieses Thema zu diskutieren, weil ich ein lockeres Handgelenk habe, und ich, ich bin kein kleines Gerippe, also...«. Sie haben alle gesagt, reden wir nicht mehr davon, es lohnt sich nicht, jedem seine Meinung, darum wird man sich nicht schlagen, es reicht, was man in den letzten fünf Jahren durchgemacht hat.

Ehe der junge Mann an die Theke kam, hatte die Wirtin wie zu seiner Entschuldigung gesagt, er sei als Zwangsarbeiter nach Deutschland geschickt worden, und als er wiederkam, habe seine Verlobte ihn im Stich gelassen, was sie für eine Erklärung hielt, warum er Klara ohne nachzudenken angegriffen hatte.

Aber vielleicht war der Typ ja auch als Freiwilliger nach Deutschland gegangen. All diese Leute, die umso wilder lügen, je feiger sie gewesen sind.

Ich bin erleichtert, als hätte diese Tat mich von einer Angst befreit, von etwas, was ich fürchtete, von dem ich nicht genau wußte, was es war. Jetzt weiß ich es. Dieses Unbehagen von Anfang an, das war es: Wäre ihre Faust nicht bei dem Kerl gelandet, hätte sie mich getroffen.

Die in Japan bombardierte Stadt schreibt sich Hiroshima.

13. 8.

Gestern waren wir mit Agathe zum Mittagessen in Barbery.

Die Kleinen bleiben noch vierzehn Tage dort. Adrien kümmert sich um sie. Sie sind gut drauf, alle beide. Victoire ist weniger quengelig, sie war sehr goldig, und als wir abgefahren sind, hat sie nicht darauf bestanden, mitzukommen. Man muß sagen, daß Barbery ein kleines Paradies für die Kinder ist.

Agathe hatte mir nichts gesagt, aber Antoine hat uns gefragt, ob er Klaras Wohnung für Agathe kaufen kann. Ihre eigene Wohnung soll nicht verkauft werden, aber sie könnte eine der beiden für ihre Arbeit nutzen, eine Art Architektenbüro einrichten. Es wäre gut, wenn Antoine und Léandre sich beim Notar träfen, um Klara Vorschläge zu machen. Alban hat am Telefon mit seinem Vater darüber gesprochen. Léandre ist ganz beglückt, er will sich gern um alles kümmern, einschließlich eines Finanzierungsplans für Antoine, der ein Bauernhaus verkaufen muß, um die Wohnung zu kaufen.

Klara hat gesagt, ihr wäre alles recht, mit dem Schmuck sei ihr schon gut geholfen und für die Wohnung solle ein niedriger Preis verlangt werden, sie würde nicht viel brauchen.

Ich glaube, daß sie keine richtige Vorstellung von dem hat, was sie tatsächlich brauchen wird. Aber egal, was dies betrifft, ist die Situation nicht dramatisch. Im Augenblick übernehmen wir, was Klara an Ausgaben hat, und das ist sehr gut so. Sie will übrigens nichts Besonderes. Sie lehnt es ab, Kleidung zu kaufen, sie hat gerade einmal zwei von meinen Wanderhosen akzeptiert, die Agathe nach meinen Anweisungen umgeändert hat. Am Bund mußten sie stark gerafft werden. Sie zieht sich immer noch warm an, mit dicken Socken und ihren klobigen Schuhen. Dennoch friert sie oft, trotz der Hitze, die uns manchmal zu schaffen macht.

Man gewöhnt sich an ihr Aussehen. Das Haar wächst etwas nach. Bisher hat sie es nicht wieder abgeschnitten, aber es kräuselt sich nicht mehr, es ist ganz glatt, immer noch kurz und dabei glatt.

Ich habe Klara schließlich gesagt, daß ich schreibe, weil ich versuchen will, Klarheit zu finden. Ich war gespannt auf ihre Reaktion. Ich konnte mir alles und sein Gegenteil vorstellen. Trotzdem war ich überrascht, ihr Interesse zu spüren. Also habe ich Mut gefaßt und sie gefragt, ob ich ihr gelegentlich Fragmente vorlesen dürfe, um zu überprüfen, was sie gesagt hat oder sagen wollte. Sie meinte, man könne es versuchen. Vielleicht war ich etwas voreilig, denn seit diesem Vorschlag habe ich gar keine Lust mehr.

Heute abend hat sie gesagt, »ich hatte Glück, daß die Wut mich fast nie verlassen hat. Die Wut war immer da oder fast immer, und immer im richtigen Moment Ausbrüche, die einen schnell reagieren lassen. Manche sind für das Ja geschaffen und andere für das Nein.«

Ich habe einfältig gesagt, »du hast ja zum Leben gesagt«.

»Ich habe nicht ja gesagt, ich habe nein gesagt, zu allem. Es war vielleicht ein Ja, wie du sagst, aber ich habe es als Nein gedacht, es ist wohl das, was mir am besten entsprach. Mit einem Ja wäre ich tot, physisch tot. Ich habe immer nein gesagt. Nur die Engel sagen ja, und die Bekloppten...«

»Aber du hast dich erwischen lassen, du hättest es vermeiden können.«

»Das stimmt, das hat mich von jedem künftigen Ja geheilt. Seitdem habe ich nie mehr ja gedacht. Aber wenn die Verneinungen auch Bejahungen sind, ist es doch so, daß sich alles ändert, wenn man sie als Nein denkt.«

»Warum hast du dich registrieren lassen?«

»Die Deportation war nicht inbegriffen in meinem Entschluß. Aus Treue zu meiner Mutter. Ich habe die Gesetze, die Ereignisse des Augenblicks nicht berücksichtigt. Nur eines, mich meiner toten Mutter anzunähern. Zu tun, was sie getan hätte, denn sie war legalistisch bis zum Umfallen, und ich, ich war es auch, legalistisch bis zum Umfallen. Das implizierte nicht meinen eigenen Tod. Wer kann im Alter von dreiundzwanzig Jahren an den Tod glauben, hast du daran geglaubt?«

»Ja. An den Tod habe ich immer geglaubt, daß der Tod für mich möglich wäre, eine Möglichkeit, auch wenn man, wie du sagst, nicht wirklich daran glaubt.«

»Du hast also daran geglaubt, du schon.«

»Ja. Wenn nicht, warum dann ein anderer Name und falsche Papiere.«

»Du hast an den Tod geglaubt, ich glaubte nicht daran, konnte nicht daran glauben. Das wäre dann unser einziger Unterschied...«

»Ich weiß nicht.«

»Ehrlich gesagt, zu behaupten, es hätte mit meiner Mutter zu tun, ich kann es nicht beweisen, ich sage es, um einen Grund für eine Handlung anzugeben, die vielleicht keinen hat, und ein falscher Grund ist immer noch ein Grund. Aber vielleicht gibt es Handlungen ohne irgendeinen Grund, einfach ohne Grund. Braucht man Gründe? Hat eine blödsinnige Handlung Gründe, einen Grund, einen Komplex von Gründen, und wenn es denn Gründe für alles gibt, wird man die Gründe für das Greuel in den Lagern finden müssen, man wird sie finden müssen, wie soll man sonst individuell Begründungen für die absurden Taten jedes einzelnen verlangen. Wenn niemand auf das Warum der Lager antworten kann, ist jeder Mensch für alle seine Handlungen gerechtfertigt, wie mörderisch auch immer. Wenn man nicht antwortet, ist die Welt in Gefahr.«

»Glaubst du, daß man die Gründe finden wird? Weil es nicht nur einen gibt, ist es unmöglich.«

»Ich verstehe immer noch nicht, was mir passiert ist, weder warum noch wie. Das große Warum ist Sache der anderen, für das Wie oder das kleine Warum bin auch ich selbst verantwortlich, die Blödheit, wie du sagtest, sich auf diese Weise erwischen zu lassen, multipliziert mit der Anzahl derer, die auf die gleiche Art erwischt worden sind, das ist die wichtigste Frage, diejenige, auf die ich eines Tages antworten kann, während das globale Warum, die globale Antwort den Historikern überlassen bleibt. Aber für jede der festgenommenen und getöteten Personen gibt es keine Ursache, die sich auf sie selbst bezieht. Keine. Die globalen Antworten interessieren mich nicht. Ich bin genug erniedrigt worden, ein kleiner Fisch in der Menge zu sein, darum übergehe ich diese Frage.

Ich will nichts anderes mehr sein als ein einzelner Fisch im Netz, wissen wie und warum ich hineingegangen bin. Von jetzt an will ich das Maximum aller Warum meines Lebens kennen und nicht mehr abhängig sein von der Verrücktheit eines Gefreiten, der Idiotie eines Volkes und von all diesen Wörtern wie Fahne, Nationen, Krieg, Geschichte. Nie mehr. Jetzt werde ich rechtzeitig entwischen.«

Später drehte sich Klaras Rede um das immer noch ungebrochene Erstaunen über das, was sie erlebt hat. Ich schreibe annähernd ins reine.

»Die vielen gewöhnlichen Leute, das hat mich verblüfft, gewöhnliche Leute, ich meine die ganze Welt derer, die nie ins Gefängnis kommen, wie natürlich die Kinder, die Greise, die nicht ins Gefängnis kommen, die zittrigen alten Paare, die Mütter mit Kind, die Mütter mit Kindern, die friedfertigen Männer. Ich erinnere mich sehr gut, auf der Rampe habe ich sofort gedacht, hier haben Halunken die Menschheit eingesperrt. Ich habe noch nie so viele gewöhnliche Leute beisammen gesehen, wie im Weihnachtstrubel, gewöhnliche Leute, die man nicht kennt, die man nicht kennt, sonst wären sie nicht gewöhnlich. Hätte ich jeden gekannt, wäre keiner gewöhnlich gewesen, und das konnte jeder sagen. Niemand hatte ein so großes Unglück in Erinnerung, so große Grausamkeit und in so großem Ausmaß, niemand hatte irgend etwas gehört oder gelesen, was dem nahegekommen wäre, und so haben sich alle ganz gewöhnlich benommen. Mit dem einzigen Unterschied, daß alles etwas mehr war, eine Frage der Abstufung, aber im Bereich des Gewöhnlichen.

Außergewöhnlich in dieser Geschichte waren nur die Peiniger, nicht die am Schreibtisch, sondern die Kleinen, das Pack, aber wir, nein, ganz und gar gewöhnlich, mit gewöhnlichen Beschäftigungen, und selbst die, deren Beschäftigung nicht die gewöhnlichen Beschäftigungen waren, sind eben durch gewöhnliche Beschäftigungen gewöhnlich geworden, und das ist vielleicht das Ungewöhnliche an diesem Leben, sich mit sonst nichts mehr zu beschäftigen als mit Brot, Wasser, Schuhen, Wollsachen und etwas Schlaf. Alles, worauf wir uns bezogen, tiefer unten als die Wirklichkeit oder daneben, jedenfalls diente nichts für dieses Leben, nichts, nur man selbst, ganz allein, um der Gefahr ins Auge zu sehen, ganz allein, um allein zu sterben.«

»Man stirbt immer allein.«

»Ja, aber da unten noch mehr allein, weil es die Verworfenheit gab… du weißt nicht, was das ist…«

Schweigen… langes Schweigen…

»In Oświęcim habe ich nichts gelernt, außer daß ich stärker bin als ich gedacht hätte.«

»Es ist viel, das zu wissen…«

»Ich hätte es auch anders erfahren können, was ich erlebt habe, war nicht nötig. Die starke Art kann man sich sparen…

Nach der Selektion von uns allen, den Gewöhnlichen, hat sich das Menschliche jedes einzelnen gesteigert. Man wird mehr dies, mehr jenes. Da unten ist man feiger, weichlicher, dynamischer, idiotischer, passiver, barmherziger, bitterer, erfinderischer, stärker oder schwächer. Es ist der Bereich des Nein und mehr.«

»Und du, was warst du?«

»Alles mehr, je nach den Tagen, nach meinem Zustand, nach der Meteorologie, wie jedermann. Ich war im Nein und mehr, genau wie die anderen.«

»Hast du noch gedacht?«

»Nach und nach immer weniger. Einige wurden verrückt. Manchmal muß man nur noch ein Körper sein. Wenn ich es konnte, war ich glücklich, wieder zu denken, die Maschine wieder anzuwerfen, das war schwierig und seltsam. Und manchmal, du wirst es nicht glauben, aber ich weigerte mich zu denken, weil es mir zuwider war, ja, ein Widerwille, als mißtraute ich, als wäre es gefährlich. Man mußte nur die Mechanik bewahren, ein Minimum, um all den Undenkbarkeiten eines Tages, einer Stunde, eines Augenblicks zu trotzen. Nur das Elementare. Seither hole ich auf. Ich denke ununterbrochen. Ich denke vielleicht nicht richtig, und ich bin nicht sicher, ob das Denken ist, es ist ähnlich… aber nein, ich glaube, daß ich noch nicht denke… nein, meine Gedanken sind noch kein Denken. Ich weiß nicht, wie ich sagen soll.«

Dienstag, 14. 8.

Ich richte es so ein, daß Klara jeden Tag mit mir darüber spricht, wie es in Auschwitz war. Sie antwortet bereitwillig, manchmal ausgiebig, manchmal kurz. Am Anfang muß man sie bitten, sie tut es nicht immer von selbst. Für Alban und für mich wählt sie unterschiedliche Aspekte aus. Sicher sind auch unsere Fragen unterschiedlich.

Heute nachmittag habe ich sie gefragt, ob sie manchmal gelacht hat.

»Am Anfang ja. Aber es gab ein letztes Mal. Ich erinnere mich an das letzte Mal. Nach der Ankunft, von August bis November 42, war ich bei einem Schwerarbeitskommando. Sehr schwer. Erde ausheben, es waren Erdarbeiten. Dort ist die Freundin aus Praha meine Freundin geworden. Später kam das junge Mädchen aus Linz und im November die Freundin aus Kraków.

Die ersten zwei Wochen gelang es uns, zu lachen. Wir waren noch einigermaßen in Form, unsere Kräfte waren nicht verbraucht, nicht zu sehr, man lachte gegen das Grausen, und wir waren beide rasend vor Wut, alle beide hatten wir die Wut. Vielleicht war es das, was uns einander ganz am Anfang nahebrachte, die gleiche Geisteshaltung. Und dann, mit der Müdigkeit und unseren nachlassenden Kräften, kam sehr bald der Zynismus, eine Art grausamer Humor, nicht untereinander, aber den anderen gegenüber, nicht gegen, aber… wie soll ich sagen…

eine Weigerung zu bemitleiden, zu schonen. Den Neuen sagte man von vornherein die Wirklichkeit des Lagers, kein Trost, keine Rücksicht, was uns nicht hinderte zu helfen, aber wir hatten doch diese Grausamkeit.

Eines Tages, ja am Anfang, hat eine Polin gesagt, »du hattest Glück, daß du in Frankreich warst, wir hier haben immer gesagt, glücklich wie Gott in Frankreich«, worauf ich gesagt habe, in Frankreich hat Gott sich hopsnehmen lassen, er ist hier, in Oświęcim, jeden Tag löst er sich in Rauch auf, wir sind die ersten, die es wissen. Wir haben gelacht. Wir haben tagelang gelacht, wir sagten, geschieht ihm recht, was für eine Schnapsidee, nach Frankreich zu gehen, sogar Gott hat sich erwischen lassen, diesmal wird er nicht entkommen, er wird keine Gelegenheit haben, seine Knochen aufzusammeln. Keine Wiederauferstehung mehr für Gott... den Neuen, die fragten, was das für ein Geruch wäre, sagten wir, das ist Gott, der verbrennt, er hat sich in Frankreich hopsnehmen lassen, sie sagten, es stinkt, und wir ja, ja, wenn Gott verbrennt, stinkt es eben, diese Idee... wie eine Art Trost, sich zu sagen, daß Gott persönlich verbrannte. Wir hatten keinerlei philosophischen oder metaphysischen oder religiösen Anspruch, nein, nur diese lustige Idee, ein Witz, der uns ein paar Tage stützte, bis uns etwas anderes einfiel... Leute wie wir, ohne Glauben, waren die Nacktesten, aber nicht die Wehrlosesten, weil wir keine Illusionen hatten und folglich keine Enttäuschung, gerade Entrüstung genug, um nicht zu resignieren, gerade Reflexe genug, um nicht zu sterben, sich nicht sterben zu lassen... Moses ist nicht gekommen, weder er noch sein Bruder, der Anwalt. Kein Moses, kein Anwalt. Gott war ein österreichischer Gefreiter.

Niemand ist darauf vorbereitet, daß die Ausnahme die Regel ist. Da unten wartete alles, der Körper, der Geist, was vom Geist übrig blieb, jeden Augenblick auf das Unglück, auf das, was man in Ermangelung eines anderen Wortes das Unglück nennen kann, jedenfalls das Entsetzliche, das nicht Wiedergutzumachende, selbst wenn man es überlebt ist es doch im Körper und im Geist das nicht Wiedergutzumachende, also macht man sich ganz klein, tut oder läßt Dinge um zu überdauern, wie waren erfeigt oder gemutigt und was man sonst noch für Wörter im Passiv erfinden, im Passiv leben kann, außerhalb seiner selbst, eine Welt, in der Mut und Feigheit derselben Sache dienen, in der das Überdauern eine Schande wird, wenn einem zufällig noch eine Parzelle Verstand geblieben ist, um das zu erkennen.

Eine Schande... weißt du, es ist wie mit den dicken Büchern, die wir beide verschlungen haben, erinnerst du dich, wir lasen uns satt damals, und man fragte sich, warum der Autor seine Personen nicht auf der zwanzigsten Seite tötete, so abscheulich war ihr Leben, wenn nicht um der Lust willen, sie die ganze Erzählung hindurch dahinvegetieren zu lassen, und aus dem Anspruch, sie über vierhundert Seiten auf den Beinen zu halten, um seinem Stolz zu genügen, ja, genauso ein Schriftsteller war auch ich, nur mit mir selbst als der Person, die Seiten um Seiten überdauert, und ich weiß nicht, warum ich mich nicht am zwanzigsten Tag habe sterben lassen, außer um den Anspruch zu erfüllen, diesen dicken Roman zu Ende zu bringen, den schlechtesten Roman, der je geschrieben worden ist, mit den Wendigkeiten eines schlechten Romans und der gleichen Absurdität, der gleichen Lächerlichkeit, der gleichen Dummheit.«

»Aber in dieser Welt, aus der du kommst, gab es doch wohl auch ein klein wenig von etwas anderem, ein klein wenig Mitleid immerhin…«

»Ja, sicher. Aber die, die es hatten, werden nicht da sein, um es dir zu sagen. Sie sind tot. Die, die Mitleid mit den anderen hatten, sind tot. Die, die Mitleid mit sich selber hatten, sind tot. Und wir sind alle tot. Tot für nichts. Wir haben für nichts gelitten, absolut nichts. Alles umsonst. Nichts, nichts was nützlich wäre… Ich ging fort mit einem ansehnlichen Körper, einem ebensolchen Gesicht, blondem Haar und grauen Augen. Ich komme wieder mit einem verheerten Gesicht, grauem Haar und einem Körper, den ich nicht anzusehen wage und der nicht ansehbar ist. Das alles für nichts, nichts und wieder nichts… ja, es wird noch sehr gelehrte Menschen geben, aber unser extremes Wissen, unser Wissen um die Extreme wird keine Hilfe sein, es ist ein Wissen ohne Kontinuität, weil es auf der Kippe ist, ein unvermittelbares Wissen, und was ist schon ein Wissen, das man nicht vermitteln kann… nichts… ein Wissen, das niemandem dient, ist nichts. Auch dieses Wissen hat keinen Namen…«

Schweigen. Dann erinnert sie sich an meine Frage.

»Ach ja, das Lachen… man bräuchte eine Heilgymnastik für die Lachmuskeln, das Lächeln… es ist noch möglich… ich lache schon…«

»Nein, du lachst nicht, Klara, du bist hämisch…«

»So… ja, du hast recht… aber ich glaube, lachen könnte ich noch, egal welches Lachen, ich werde mit Sicherheit Gründe haben. Weinen, nein. Ich wüßte nicht, was man tun kann, um die Tränendrüsen wieder in Gang zu bringen, auch wenn es nötig wäre, das ist nur, wenn man zu viel erlebt hat, ein Mangel, der im Alter auftritt. Ich erinnere mich an meine Großmutter, sie sagte mir, in ihrem Alter habe man keine Tränen mehr, alles sei trocken. Sie schien es nicht zu bedauern.«

»Und du, bedauerst du es?«

»Ja. Ich sehne mich nach Tränen. Den meinen... nach allen Tränen...«

Sie hat mir auch erzählt, am Anfang habe sie sich mit ihren Freundinnen etwas ausgedacht, was sie die »Lachmauer« nannten. Sie stellten sich vor, daß sie beim Appell alle auf einmal gelacht hätten, wie eine brandende Welle ha! ha! ha! ha! Dabei hätte es Tote gegeben, sagt Klara, aber das wäre schließlich nicht schlimmer gewesen als das, was sie lebten. Sie sagte, alle vier hätten versucht, in ihrer Umgebung darüber zu reden, diese »Lachmauer« zustande zu bringen, aber sie hätten schnell aufgegeben, unter anderem wegen der Angst, und wie sollte man so viele vielfältige Sprachen sprechende Leute zugleich für den Plan gewinnen, und dann, sagte sie, waren manche schon sehr krank, manche sterbend, sogar während des Appells am Morgen und am Abend. Es bedeutete auch, eigene Tode vorzuprogrammieren. Sie sagte, es sei ihre Hoffnung gewesen, durch eine Kugel zu sterben, aber daß die Leute immer warten, bis sie keine Wahl mehr haben, daß jeder dauern, überdauern will, und daß sie alle elendig starben, aber andererseits, wer will schon seinen Tod programmieren, vor allem kollektiv? Es war Wahnsinn. Jetzt glaubt sie, weil der Wahnsinn der anderen sie zugrunde gerichtet hat, könnte ihr eigener Wahnsinn sie retten. Nicht vor dem Tod, aber vor einem bestimmten Tod. Dennoch waren auch sie und ihre Freundinnen bald willensschwach und mehr darum besorgt, zu überleben, als ihre Energie für eine tödliche Aktion zu verschwenden. Aber ihrer Meinung nach war es schade, es nicht versucht zu haben. Sie ist weiterhin überzeugt, daß das Konsequenzen gehabt hätte, daß viele gestorben wären, aber wenigstens wäre da etwas Würde mit dabei gewesen. Alle ihre Freundinnen, hat sie noch einmal betont, sind in der schlimmsten Verworfenheit gestorben, mit Ausnahme der Freundin aus Krakau, die von den Ärztinnen, mit denen sie befreundet war, etwas besser gepflegt wurde, aber das kann man nur sagen, weil es eben Auschwitz war, denn objektiv ist die Freundin aus Krakau, wenngleich in einem sauberen Hemd, ebenfalls in der Verworfenheit gestorben, schloß sie.

Die Frage ist nur, fügte sie hinzu, ob all diese Leute irgendwo an zahllosen kleinen Punkten überall in Europa geboren worden sind, um sich in Oberschlesien in eine Gaskammer treiben zu lassen und dann zu verbrennen und sich zu verflüchtigen, um das einzigartige und geteilte Schicksal einer Zigarette zu erleben, sagte Klara, oder um mit Flöhen bedeckt in der eigenen Scheiße zu sterben... jeder allein auf einem Strohsack voller Kot.

Donnerstag, 16.8.

Ich bin müde.

Gestern hat der junge Mann, Legris, bei Alban angerufen. Er möchte Klara treffen, sie um Verzeihung bitten. Es sieht so aus, als klammere er sich an seine Schuld. Alban hat versprochen, darüber zu reden, und ihm gesagt, es könne vielleicht nicht möglich sein. Der andere hat sich erkundigt, wie es ihr ginge, Alban hat ihm gesagt, Klara könne etwas besser schlafen.

Was kaum stimmt. Sie hat wieder angefangen, wie vorher nachts im Wohnzimmer zu wandern und zwischendurch, egal wann, ein wenig zu dösen. Man kann nicht sagen, sie schliefe normal. Dagegen ißt sie besser, aber immer noch sehr wenig. Fabienne und Alban haben ihr eine Behandlung verordnet, vor allem Vitamine und Appetitanreger, weil die Laborwerte eher kläglich ausgefallen sind. Das Erstaunliche bei alledem ist die Art, wie sie durchhält. Alban sagt, zum Glück seien noch nicht alle Ergebnisse da, denn eigentlich müßte Klara absolute Ruhe wahren. Das ist nicht der Fall.

Klara erzählt mir, erzählt uns von einem anderen Planeten mit seinen Gewohnheiten, seinen Klassen, seinen Kodes, seinen Ritualen, seinen Opfern… ein anderer Planet. Furchterregend. Ein Planet, zu dem nichts Bekanntes inneren Zugang verschafft, es seien denn unsere eigenen Triebe, von denen aber unvorstellbar ist, daß wir ihnen eines Tages vollständig entsprechen. Alles was ich höre ist für mich schwer zu glauben. Es absolut zu glauben wie etwas Offensichtliches. Ich will schon, bin guten Willens, Klara zu glauben, und dennoch ist es wie ein Märchen, fast eine Fratzen schneidende Legende von einem fernen, bis dahin unbekannten Stamm, obwohl es doch um Leute geht, die ganz nahe sind, denen man begegnen kann, die wir sein könnten, Peiniger und Opfer oder beides zugleich, wie es scheint, daß es sein kann. Wir erfahren, daß alles möglich ist, einschließlich mit und durch uns selbst. Das ist es wahrscheinlich, was am meisten erschreckt, was zu hören am schmerzlichsten ist. Alban und ich haben darüber diskutiert, und beim vielen Reden, vielen Suchen, sind wir zu dieser Feststellung gelangt. Man tastet sich durch Klaras Berichte, obwohl es doch klar ist, und nichtsdestoweniger sträubt sich etwas in uns. In mir vor allem.

Wie soll man in der Tat verstehen, was sie über die Angst erzählt. Mehrmals ist die Angst gegenwärtig, jedenfalls schließe ich das aus dem Gesagten. Dennoch behauptet sie immer wieder, sie habe keine Angst gehabt, wenn sie beispielsweise sagt, »wenn alles geschehen kann, ist Angst da, aber wenn alles geschehen ist, gibt es keine Angst mehr«. Viele hatten Angst, aber sie, nein oder wenig, manchmal eine Gänsehaut, aber nicht aus Angst, und sogar die Schläge, beim ersten Mal ist es schrecklich, aber alle anderen Male zwingt man sich, an etwas anderes zu denken. Nur dem Körper tut es weh, die Gedanken sind anderswo.

Mit ihren Freundinnen hatte sie ausgemacht, den fünfundvierzig Sorten Wolken in den fünf Sprachen, die sie sprachen, einen Namen zu geben. Sie haben Zeit damit vertrieben, sich auf die Namen zu einigen, sie zu wiederholen und dann Kombinationen zu erfinden mit dem ersten, dem zweiten, dem dritten Buchstaben von jedem Wort oder rückwärts zu buchstabieren. Die Schnellste war das junge Mädchen aus Linz.

Bis zum Schluß, hat sie mir gesagt, hätten die Wolken gedient, gegen die Schläge, die Schreie, das Zusammengepferchtsein, das letzte Mal im Lager Anfang Januar dieses Jahres, als vier junge Mädchen gehenkt wurden.

»Am Ende, als ich allein war, habe ich darauf geachtet, sie mir regelmäßig aufzusagen, und ich habe es noch unter dem Himmel von Kraków, von Praha, von Linz und auch von Berlin getan. Die letzten Tage im Lager waren Tage der Hoffnung und folglich der Unsicherheit, lauter neue Leiden, die die anderen nicht wegmachten. Die letzten Tage, ja, sie waren grauenhaft, und da kann ich ein Wort sagen ohne es zu berichtigen, ohne es zu bedauern, weil wir in die normale Welt zurückkehren sollten. Ich hatte wieder Angst.«

Sie hat mir die Wolken genannt. Eine ist ihr abhanden gekommen.

Sie sprach vom ersten Mal, als sie persönlich geschlagen worden ist.

»Es war eine polnische Drecksau mit ihrer Peitsche. Sie hat mich geschlagen. Ich habe wohl eine Geste gemacht, ich weiß nicht, ich erinnere mich nicht, aber die Freundin aus Praha, die hinter mir war, hat mich am Hals gepackt, mich herumgerissen und mich geschlagen und wieder geschlagen. Auf diese Weise hat sie mich gerettet. Sie hat mir gesagt, ich sei im Begriff gewesen, mich auf die Drecksau zu stürzen, sie hatte es meinem Rücken angesehen, sie war sich sicher, und dann hätte die andere mich abgeknallt, das steht fest, oder zu Tode geprügelt. Das Komische ist, daß die Freundin aus Praha auf dieses Ereignis hin Blockova geworden ist. Die bescheuerte Drecksau hat geglaubt, sie zeige Beflissenheit, um einen Posten zu ergattern.

Ich war so schockiert, daß ich mich nicht einmal geschützt habe. Es war zu stark, nicht die Schläge, daran erinnere ich mich nicht, aber daß sie das tat, daß sie diejenige war, die mich schlug, die diese Stelle einnahm, das war das Unglaublichste…«

Es war am 6. Januar dieses Jahres, daß die vier jungen Mädchen gehenkt wurden. Klara hat zugesehen. Sie mußten alle zusehen.

Ich schreibe die Liste der Wolken, die ich unter Klaras Diktat notiert habe, ins reine. Sie hat alle auf französisch aufgezählt.

»WACHTURM RAUCH SPRITZE HOLZSCHUH HACKE GERICHT UNTERHOSE PEITSCHE SEIFE HAUS HUND FOTO REVOLVER RUHR FEUER SCHERE SCHIENBEIN ZUG NAPF TYPHUS RÜBE LATRINE SONNE MANTEL SUPPE ANWALT BETT KIND RECHT KOHLE DECKE PHENOL WOLLE FLIEGE BAD RATTE SCHNAUZER ZAHN OFEN FLOH GESCHREI SCHÄDEL AMERIKA STACHELDRAHT.«

Sonntag, 19.

Vorgestern ist Léandre angekommen. Er wohnt bei uns. Louise ist in La Roseraie geblieben.

Nun habe ich also erfahren, was Alban mehr oder weniger wußte. Seit Oktober 43 hatten Louise und Léandre zwei Brüder, der eine vierzehn, der andere elf Jahre alt, und deren neunjährige Cousine aufgenommen, alle drei aus Le Mans. Die beiden Väter sind im Januar zurückgekehrt, aber die Mütter und die kleine Schwester der Jungen sind in Auschwitz gestorben. Léandre hat mir eine etwas verworrene Geschichte erzählt. Es schien ihm ziemlich peinlich, und schließlich habe ich ihn nach dem Grund seiner Verlegenheit gefragt.

»Es ist, weil ich mich schäme, ich schäme mich immer noch… als ich die Kinder im Januar nach Hause brachte, konnte ich den beiden Männern nicht ins Gesicht sehen. Körperlich… wie ist das möglich… und ohne ihre Frauen… die Kinder ohne Mama… stellen Sie sich vor, Angelika, und wie viele die so… unerträglich… man schämt sich, Franzose zu sein…«

Ich verstand nicht, warum er sich in diesen Zustand versetzte. Léandre schien ein eher jovialer und mitteilsamer Mann zu sein, in keiner Weise düster. Ich habe ihm zu bedenken gegeben, daß ihnen die Risiken, die sie für die Kinder eingegangen sind, hoch anzurechnen seien, und ich den Grund seiner Scham nicht zu erkennen vermag. Er brauchte eine gewisse Zeit, um zu antworten.

»Sehen Sie, Angelika, Sie wissen es vielleicht nicht und mein Sohn hat Ihnen sicher nichts gesagt, aber… ich war Antisemit… jetzt ist sie raus, die Wahrheit… besser, Sie wissen es… und… ich habe den Umgang meines Sohnes mit Ihnen, Ihrem Bruder und Ihrer Schwägerin nicht gern gesehen… ich habe nichts gesagt… oder nicht viel… aber Alban weiß es… natürlich habe ich Ihnen Papiere verschafft… ja, ich hätte es auch für Ihren Bruder und seine Frau getan… aber mehr um Alban zu schützen… ich habe auch gern das Gefühl, anderen einen Gefallen zu tun… und daß man mir etwas schuldet… das alles… wie ich mich schäme, Angelika… ich sage es Ihnen, und Sie sollen auch wissen, daß Louise mir geholfen hat. Sie hat mich gezwungen, die antijüdischen Gesetze zur Kenntnis zu nehmen… und da habe ich mich geschämt… geschämt, geschämt wie ich mir nie vorgestellt hatte, daß man sich je im Leben schämen könnte… und wütend… auf Pétain, auf Laval… auf mich selbst vor allem… auf mich… im wesentlichen…«

Armer Léandre, er verbarg das Gesicht in beiden Händen. Und fuhr fort, mir zu erklären.

»Ich war ein gewöhnlicher Antisemit… gewöhnlich und blöde… In Geschäften sind wir alle hart, aber wenn der Konkurrent ein Jude ist, sagt man, sagte ich dreckiger Jude, ich dachte dreckiger Jude, auch ohne es zu sagen, ich dachte es wirklich… und alles, was daraus folgt… Man schenkt sich nichts, das verlangt der Beruf, ob loyal oder nicht, da bin ich wie die anderen, aber warum dreckiger Jude denken? Angelika, all diese Gedanken haben Gesetze hervorgebracht, die ich gelesen habe, die angewendet worden sind, eins ergibt das andere, die Deportationen, den Tod der Kinder, der Frauen, der Alten, all unsere dreckigen kleinen Gedanken von uns dreckigen Scheißfranzosen... ich hielt mich für anständig und finde mich als Komplize solcher Verbrechen wieder, das ist die Wahrheit... gut, ich höre jetzt auf und werde nicht mehr davon sprechen. Aber Sie sollten es wissen, Angelika, und Sie sollen auch wissen, daß Sie in unserer Familie willkommen sind, und die Kleine ebenfalls und... verzeihen Sie mir...«

Es war etwas unangenehm, übertrieben wie ich fand, aber so ist eben sein Temperament. Ich habe ihm nur gesagt, er solle sich keine Sorgen machen, und ich dankte ihm für sein Vertrauen, ich hätte ihm nichts zu verzeihen, weil er mich persönlich nicht gekränkt habe.

Es stimmt, daß ich sie wenig kannte, aber jede Begegnung war herzlich gewesen. Als ich meine Personalien ändern wollte, hat Alban seinen Vater gefragt, und Léandre hat die Papiere schnell besorgt, gern glaube ich. Ich habe nie Abneigung oder Vorbehalte gespürt. Ich habe Louise im Gegenteil als sehr herzlich in Erinnerung, aber auch Léandre.

Die Menschen sind komplex.

20. August 45

Alban sprach von Jérôme Legris, aber Klara will ihn nicht treffen. Sie hat gesagt: »Ich habe nicht die geringste Lust, diesen blöden jungen Mann wiederzusehen, ich verzeihe Idioten nicht. Sowieso hat er nicht mich beleidigt, und da ich es nicht bin, wie sollte ich Worte verzeihen, die mich gar nicht betreffen? Soll er sie doch suchen gehen, die Geschorene, die er beleidigt hat. Richtet ihm das von mir aus: er möge sich bei einer hier geschorenen Frau entschuldigen, statt sein Gewissen bei mir zu erleichtern. Reden wir nicht mehr davon!«

Ich kann ihr nicht unrecht geben. Ich finde auch, daß er sich eine billige Erleichterung verschaffen will. Seine Haltung ist oberflächlich und ungehörig, wie seine Aggression ungehörig war.

Ich persönlich habe nichts von den Ausschreitungen in der Rue de Rennes gesehen. Wenn man diesen Frauen Verrat vorwerfen wollte, hätte man sie vor Gericht bringen können. Wenn sie mit dem »Feind« geschlafen hatten, war das wohl nicht verwerflicher, als in Deutschland für ihn zu arbeiten.

Merkwürdig. Vorgestern sagte ich zu Léandre, ich hätte ihm nichts zu vergeben, ich sei nicht persönlich gekränkt. Klara hat die gleiche Reaktion gegenüber Legris. Als erreichte die Beleidigung uns nicht. Wir halten sie für fehlgeleitet. Wir fühlen uns nicht als Zielscheibe. Wollen wir nicht leiden? Sind wir so anderswo? Wirklich anderswo? Wir sprechen nie von den Juden. Klara spricht nicht davon, trotz allem, was sie erlebt hat. Ich selber spreche nicht davon, denke nicht daran. Nicht wirklich oder nur verschwommen. Ich zwinge mich auch nicht. Es ist, als eigneten wir uns diese Abstammung nicht an. Ziemlich spät haben wir erfahren, daß wir es waren, aber ich habe nie verstanden warum und es folglich auch nicht aufgenommen. Ich wußte es erst mit zwölf Jahren. Mama war etwas verlegen bei der Erklärung was das war, Jude sein. Ihre eigenen Eltern haben diese Religion nicht mehr praktiziert, vielleicht ihre Großeltern, aber die hatte sie nicht kennengelernt. Kurz, für uns alle war alles nur verworren und nichts wurde je aufgeklärt. Das Wenige an Erklärung, das Mama uns gab, schloß immer mit einem »Jedenfalls ist das der reine Wahnsinn«.

Für Klara war die Sache schmerzlicher, radikaler. Ihr Vater – ich glaube, sein Rang war damals *Oberführer* – hat 33 die Scheidung eingereicht. Klara kam in Tränen zu uns. Ich verstand nicht, was vor sich ging. Mama hat gesagt: »Deine Mutter ist Jüdin, kleine Klara, so ist das.« Klara schüttelte den Kopf und ich, ich sah sie an. Ich versuchte mit aller Kraft, die Verbindung zwischen Jüdin und Scheidung herzustellen. Ich habe lange gebraucht, mir einzugestehen, daß Eltern sich deswegen trennen konnten… grauenhaft! Klara verehrte ihren Vater. Ulrich Adler liebte seine Tochter, seine Frau. Zumindest ist es das, was man immer gesehen und geglaubt hatte. Herr Adler war ein Bekannter von Papa, kein wirklicher Freund, aber ein guter alter Kamerad aus dem Krieg von 1914. Papa war Militärarzt und seine Medaillen haben uns erlaubt, unsere Ausbildung bis zur Abreise nach Frankreich fortzusetzen. Trotzdem, diese Scheidung war gemein. Man hat gesagt, es gäbe viele. Mama sagte es uns, und jedesmal tröstete sie sich über den Tod unseres Vaters. »Wenigstens muß er das nicht mehr erleben.«

Einige Zeit später haben wir die vermutlich echte Version erfahren. Herr Adler hatte nicht offen die Scheidung verlangt, sondern nur angedeutet, er würde die Armee verlassen müssen, und damit wäre seine Karriere dahin. Im Spaß soll Frau Adler gesagt haben, na bitte, dann reich die Scheidung ein! worauf er zaghaft seinen Wunsch enthüllt hätte, etwas wie »du wärest einverstanden?« Schmerzerfüllt, stolz und bitter enttäuscht tat Frau Adler ihr möglichstes, um den Vorgang zu beschleunigen, indem sie ihre Bedingungen stellte. Ihr Ehemann akzeptierte alles, offenbar nur allzu froh, ein letztes Körnchen guten Gewissens zu bewahren. Ihr gesamtes Hab und Gut fiel an sie zurück, darunter die Wohnung in Berlin, ihr elterliches Erbe. Klara sah ihren Vater nicht mehr wieder. Man kann annehmen, daß auch das eine der Vereinbarungen war. Drei Jahre später haben Klara und Rainer geheiratet. Klaras Hartnäckigkeit siegte über alle Argumente Rainers und der beiden Mütter. Ich weiß, daß sie ihren Vater in Kenntnis setzte. Eine Herausforderung? Durch die Heirat mit einem Volljuden – wir sind, wie es scheint, von allen Seiten Juden! – nahm sie ihm jede Möglichkeit, sie zu schützen, vorausgesetzt, er wollte es tun. Ulrich Adler heiratete 1935 wieder, und ehe wir Deutschland verließen hatte er schon zwei Kinder, Junge und Mädchen. Frau Adler – Margarethe Schwarz – wußte es. Seltsamerweise hat dieser Mann nicht aufgehört, sie über sein neues Leben auf dem laufenden zu halten.

Außer am Tag der Tränen hat Klara mir gegenüber nie wieder über dieses Drama gesprochen. Wahrscheinlich war Rainer besser eingeweiht, aber heute zweifle ich etwas daran.

Klaras Dickköpfigkeit. Treue zu ihrer Mutter, zum Familiennamen ihrer Mutter. Feigheit ihres Vaters, abschreckendes Beispiel usw.

Kapitel über die Treue: Unser Vorgehen war verschieden. Ich wollte sehr schnell den Namen wechseln: Solange Blanc.

Wir haben im Kult von George Sand gelebt. Meine Großmutter hatte die Schriftstellerin über alles verehrt, Mama hieß mit Vornamen Aurore und ihr Bruder Maurice wie Moritz von Sachsen, Sands Urahne… Sehr früh haben wir *Das Findelkind* oder auch *Das Teufelsmoor* im Original gelesen, später *Consuelo* und natürlich *Lelia*. Es ergab sich von selbst, daß ich Solange heißen wollte wie die Tochter von George Sand, für mich eine Art, die Tochter meiner Mutter Aurore zu bleiben. Le Blanc erinnerte mich an eine Provinzstadt im Berry, von der Lisa uns in Berlin erzählt hatte, aber die netten Fälscher haben den Artikel unter den Tisch fallen lassen. Dieser von mir wohldurchdachte Name entlockte Rainer ein leises Lächeln. Doch ich weiß, daß auch ihm ein Namenswechsel lieb gewesen wäre, aber Klara wollte nicht. Trotzdem hat er sich wenigstens im Untergrund René Leroux genannt. Was für ein Kuddelmuddel!

Solange, das ist sanft wie Ilse. Sonnenengel könnte man sagen oder Engelssonne. Lisa hat mir gesagt, es sei die Heilige des Berry, die so genannte Schutzpatronin.

Das gefällt mir.

Klaras Treue war tödlich. Unsere Namen waren tödlich, unsere Ahnen in tödliches Gift verwandelt. Solange Blanc. Sie hat mein Leben gerettet. Das Verfahren zur offiziellen Anerkennung läuft. Solange Blanc. Danach wird geheiratet!

Dienstag, 21. 8.

Rainer, Rainer, Rainer, das Bedürfnis, deinen Namen zu schreiben…

Klaras Schmuck ist so gut wie verkauft. Léandre will in zwei Tagen zum Abschluß kommen. Ein gutes Geschäft, wie es scheint. Ich fühle mich erschöpft. Victoire fehlt mir. Es ist heiß. Nichts geht. Durchhalten ist alles.

Auch Agathe fehlt mir. Sie hat viel zu tun, ich wage nicht, sie zu stören. Man telefoniert. Ein langer Abend mit Agathe… Später.

Klara hat ihr Haar wieder abgeschnitten, aber nicht zu viel. Jetzt finde ich, daß es ihr recht gut steht. Ihre Wangen sind weniger hohl. Vielleicht wird sie ihr schönes Oval wiederfinden. Sie soll ein Kilo zugenommen haben, ein Zeichen, daß die gesundheitliche Erholung auf gutem Wege ist. Sie schläft immer noch auf dem Sofa und wandert noch in der Nacht. Die Häppchen beim Essen werden etwas größer, aber wie zu ihrem Bedauern. Dennoch, dem Glas Zuckermilch bleibt sie treu. Tagsüber läuft sie in Paris herum. Sie geht ziemlich früh, gegen acht Uhr los und kommt, wie sie mir gesagt hat, gegen siebzehn Uhr zurück. Neulich hat sie mich zum ersten Mal gefragt, ob sie etwas für das Abendessen kaufen solle. Ich war überrascht. Glücklich überrascht. Ich muß gestehen, daß ich nicht daran gedacht hatte. Für die Versorgung bräuchte Klara ältere Personen wie Louise und Adeline (Beisp.: das Glas Milch von Fabienne). Ich bin nicht das, was man hierzulande eine gute Hausfrau nennt. Unsere Beziehungen waren freundschaftlicher Art. Außer in manchen kurzen Augenblicken finde ich meine Freundin nicht mehr wieder, und dann bin ich ratlos. Alles, was ich tue, besteht darin, ihr zuzuhören, wenn sie reden will. Sie will nicht immer. Ich dränge nicht.

Ich beschränke mich auf diese Rolle. Vor dem Krieg, das heißt immer schon, haben wir beide viel diskutiert, aber damals war es Klara, die zuhörte.

Ich habe sie gefragt, was sie so treibt, wenn sie den ganzen Tag in Paris ist. Sie hat geantwortet, sie mache Fotos. Ich habe sie nie mit ihren Apparaten aus dem Haus gehen sehen, sicher habe ich ein erstauntes Gesicht gemacht.

»Ohne Apparat. Die sind noch zu schwer für mich. Mit den Augen, das genügt. Wie in Brzezinka. Da unten haben wir auf diese Weise Fotos gemacht, mit der Freundin aus Praha. Wir haben uns verpflichtet, jeden Tag mindestens ein Foto aufzunehmen, ein gelungenes Foto, manchmal auch zwei. Und jeden Tag erzählten wir sie uns, das nannten wir entwickeln. Das ging, nachdem wir akzeptable Posten bekommen hatten.«

»Was war das, akzeptable Posten?«

»Als ich im November 42 krank war, die Ruhr... mehr erzähle ich dir nicht... diese widerliche Sauerei... habe ich gesagt, daß ich vier Sprachen spreche und drei Jahre Medizin studiert habe. Das mit der Medizin war nicht so von Bedeutung, weil es sowieso nichts zu behandeln gab... da habe ich die Freundin aus Kraków kennengelernt. Zu dem Zeitpunkt gab es keinen Posten, aber sie hat mir etwas in *Kanada* besorgt. (Sie erklärte mir, daß dies der Name für die Magazine war, wo die Kleidung der Deportierten und der Inhalt ihrer Koffer gelagert wurden. Ein komischer Name! Sicher ähnlich, wie wenn man in Frankreich sagt, »das ist Peru« oder »das ist Byzanz«, statt »da gibt es was zu holen!«, meint Alban.) Danach hat die Freundin aus Praha den Posten übernommen und ich war im Krankenbau, und zuletzt hat mich dort die Freundin aus Linz abgelöst und ich war bei der Aufnahme wegen dem Russisch und dem Deutsch.

Auf all diesen Posten konnte man sich was organisieren, man konnte Sachen tauschen, um besser angezogen zu sein, vor allem Schuhe und Wollzeug. Die Schuhe, du kannst nicht ahnen, wie wichtig Schuhe sind. Man stirbt von den Füßen aufwärts. Gute Schuhe retten dich. Wir machten also Fotos, die Freundin aus Praha und ich, und dann wurde entwickelt. Trotz gleichartiger Motive hatten wir selten den gleichen Blickwinkel. Sie machte oft Großaufnahmen und ich eher Gesamtansichten mit Sachen, die am rechten Rand verstreut waren. Die Freundin aus Praha hat sich den Kopf zerbrochen über die Bedeutung dieser verstreuten Sachen und warum immer rechts. Zu ihren Großaufnahmen sagte ich ihr, daß sie die Realität nicht sehen wolle. Wir hatten wenig Zeit für diese Übungen, und so kamen wir mit unseren Überlegungen nicht weit. Seither denke ich darüber nach… ich versuche… seit meiner Ankunft hier in Paris… suche ich ein Foto… bevor sie starb, hat die Freundin aus Praha zu mir gesagt, »mach ein Foto des Friedens für mich«, also suche ich…«

»Und findest du nichts?«

»Nein… gestern war ich im Sechzehnten… eine Straße, die steil bergab geht, von der aus man die Seine sieht, eine ruhige Straße und darin ein zurückgezogenes Haus mit Skulpturen an der Fassade und einem Erkerfenster, vor dem Haus ein kleiner Garten und ein Gitter mit geschlossenem Tor, ein verrostetes Metallgitter, spangrün, mit abblätternder Farbe… darauf die Sonne… sehr schön, sehr friedlich… ich entwickele es nicht… trotzdem habe ich ein Negativ gemacht, für alle Fälle… aber auf dem Rückweg habe ich mir gesagt, man könnte sich an diesem Gitter aufhängen wie ich weiß nicht mehr welcher französische Poet… man könnte sich daran aufhängen oder sich daran zerfetzen… und im Grunde sei ein geschlossenes Gitter nicht angenehm, wenn man draußen ist… oder drinnen… kurz, ich habe das Foto zerstört…«

»Kannst du mir noch ein anderes entwickeln?«

Sie sah mich an, zögerte lange und entschloß sich dann.

»Wenn du willst… aber es ist eher ein Bild, ich habe es nicht aufgenommen, nicht als Foto gedacht… in der Umgebung von Straßburg, im Zug… eine Vision… ein zwischen zwei Bäumen gespanntes Seil und baumelnde Wäsche, sie baumelt zu dem einzigen Zweck, sauber zu werden, gut zu riechen und zu trocknen. Für mich war es das, was mich am meisten beruhigte. Ich habe mir gesagt, das sei der Frieden. Der wiedergekehrte Frieden, ich meine das Gegenteil des Krieges. In diesem Moment war das für mich der Frieden… eine Wiese und gemächlich zwischen zwei Obstbäumen trocknende Wäsche in der Ruhe eines Sommernachmittags. Danach konnte auch ich ruhig schlafen, mich baumeln lassen wie die Wäsche an der Leine.«

Es folgte ein langes Schweigen, wie oft. Sie dachte nach. Ich dachte an ihr Bild.

»Und doch, was muß nicht an Wäsche getrocknet sein während der ganzen Zeit da unten… genauso gemächlich… aber es hat dieses Bild in der Nähe von Straßburg gegeben… trotzdem ist es kein Foto des Friedens. Mit einem Wäscheseil erwürgt man oder man hängt sich auf, mit der Wäsche übrigens auch…«

»Und Leute? Kinder?«

»Nein. Zwei Personen können sich immer an die Kehle springen… alle Leute, die man trifft… jeder einzelne ein potentieller Mörder… nein… diese Fotos nicht… unmöglich… nach Oświęcim eine Person zeigen, bedeutet einen Krieg zeigen, ein werdendes oder schon begangenes Verbrechen…«

»Und Blumen?«

»Die sind der Stolz des Gärtners, die will ich nicht… einen Baum vielleicht…«

»Aber daran kann man sich erhängen!«

Klaras gurgelndes Lachen.

»Stimmt, ja… Ein hoffnungsloser Auftrag.«

Schweigen.

»Eine Feldblume vielleicht, aber auch das… alles, was bedroht und bedroht wird, kann kein Bild des Friedens sein. Das Meer bedroht, der Felsen wird bedroht... er bedroht auch... Frieden zwischen zwei Bedrohungen, wenn man so will, aber nichts Endgültiges... vielleicht Tote... nicht die Toten von da unten, die Leichen von da unten, sondern friedliche Tote, die einen sanften Tod gestorben sind... ein totes Kind... vielleicht ist es das... ich habe keine Lösung... wahrscheinlich werde ich mein Versprechen nicht einlösen können... nichts von dem, was lebendig ist, kann den Frieden darstellen, es sei denn man verfügt ohne weiter nachzudenken, das ist der Frieden, aber alles wäre falsch... es ist eine törichte Bitte, ein törichtes Versprechen...«

Später hat sie mir offenbart, daß sie nicht alle Fotos entwickelte und ihre Freundin im Verdacht hatte, es genauso zu machen, daß sie aber nie darüber sprachen... (auch wir haben unsere Selektion gemacht, feixte sie) und daß es Szenen gab, die unmöglich zu fotografieren waren, aber dann ist sie verstummt. Ich habe nicht gewagt, sie noch mehr zu fragen. Ich habe an das gedacht, was sie an einem anderen Tag erzählt hatte und was ich nicht schreiben konnte. Frauen auf allen vieren, die verschüttete Suppe vom Boden lecken... eine hingefallene Frau, zerfleischt von einem Hund, der von seinem SS-Herrchen scharf gemacht wurde, und was sie über das Lager der Zigeuner gesagt hat, über die Zigeunerkinder... an diesem Abend wurde Klara bleich, fast grau. Ich dachte, sie würde ohnmächtig. Ich bat sie zu schweigen.

Danach hörte sie nicht auf zu wandern, und ich konnte schlecht schlafen.

Am nächsten Tag habe ich sie um Entschuldigung gebeten. Sie hat gesagt: »ich verstehe.«

Später hat sie mit Alban darüber gesprochen, »bei all diesen Greueln ist das Schicksal der Zigeunerkinder gespenstisch«.

Alban ist mutiger als ich. Er hält es für seine Pflicht, alles zu hören. Manchmal frage ich mich, ob das Klara nicht zwingt, da unten zu bleiben, statt sie zu entlasten. Alban weiß es auch nicht, aber im Zweifel zieht er es vor, zu hören und sogar mehr herauszuholen. Wir haben beide bemerkt, daß sie sich nicht oder wenig wiederholt. Manchmal kommt sie auf Punkte zurück, aber immer, um zu verdeutlichen, zu präzisieren, nie um etwas wirklich noch einmal zu sagen.

Wenn ich sie ansehe, ihre Augen ansehe, ihre Augen, die gesehen haben... denke ich an Alban.

»Wenn man den Opfern nicht glaubt, ist den Peinigern alles erlaubt.«

Muselmänner: Der Lagerausdruck zur Bezeichnung von Personen am Ende ihrer Lebenskraft, ausdruckslos, apathisch, ohne noch irgend etwas anzunehmen außer Nahrung, an eine Schmerzgrenze gebracht, die jede Schmerzempfindung auslöscht, bis zum Neutrum, wenn das denkbar ist. Ein grauenhafter Zustand, wie Klara sagt. Ihnen allen graute es, wie sie zu werden. Das konnte jedem von einem Tag zum anderen passieren. Sie paßten aufeinander auf, die Freundinnen halfen den Freundinnen. Wer allein war, schaffte es nicht... unmöglich, sich das vorzustellen.

Ein unmenschlicher Zustand. Klara hat dazu gesagt: »So, wie ich bin, könnte ich in einem Film keinen Muselmann darstellen... ich bin fett, alle ehemaligen Häftlinge fänden das zum Lachen... eins steht fest, kein Film wird dieser Gruppe je gerecht werden. Nie. Sie sind die einzigen, die woanders angekommen sind, ich weiß nicht wo, aber anderswo. Alle haben wir viele, viele Grenzen überschritten, viel zu viele, aber sie, die Muselmänner, waren noch weit jenseits, irgendwo, wo niemand hin will... wenn man sich vorstellt, auf dieser untersten Stufe des Elends zu sein, so elend, so beschämend, so vollständig verworfen... daß man weder Erbarmen noch Mitleid weckt... nur Ekel oder Zorn... das ist Einsamkeit ohne jegliches Bewußtsein von der Einsamkeit, die größte... die Grausamkeit ohne Ende, ohne Boden, die absolute Verwüstung.«

Die Unterernährung fraß die Knochen und grub Löcher in die Wangen der Zigeunerkinder. Klara hat es gesehen. Auch das läßt sie wandern, jede Nacht.

Mittwoch, 22. 8. 45

Nachdem sie von den Fotos gesprochen hatte, sagte sie:

»Da unten war es ein Unglück, Augen zu haben, dennoch haben wir alle unsere Augen bewahrt um zu sehen... und nicht zu sehen... das kommt auf das gleiche hinaus. Es ist auch ein Unglück, Ohren zu haben um zu hören, und wir hörten. Die Geräusche lassen sich weniger vergessen als die Bilder, die Geräusche tauchen irgendwo, irgendwann wieder auf, das Gekreische, das Gebrüll, die Züge, das Pfeifen, das Röcheln, die Musik, das Weinen, das Murmeln, das Bellen, das der Hunde und das der Männer... einerlei. Bilder muß man kommen lassen. Da erinnert einen nichts... außer den Albträumen.«

Wir haben lange geschwiegen. Unsere beiden Aschenbecher voll. Ihre Stimme ist rauh.

»Was wem und wofür vergeben, man weiß es nicht. Ich habe dir gesagt, es gibt nichts, was auf diese Welt zuträfe. Nein, Vergebung hat keinen Sinn. Kann ein Wort dem einen Sinn aufzwingen, was keinen hat... wäre es wünschenswert... diejenigen, die sprechen, bleiben in dem dauernden Bemühen, eine Annäherung zu versuchen, und in der ewigen Frage, lüge ich? Was mich betrifft, so werde ich den Rest meines Lebens nicht damit fertig werden, zu wissen, daß ich nicht geträumt habe... daß es kein Albtraum übergeschnappter Idioten war... denn man hatte uns geschnappt, gehetzt und getrieben, auch die Privilegierten… und als wir rauskamen, waren wir übergeschnappt wie man so sagt… wir sind verrückt, weil man uns zu Leibe rückte… Erst geschnappt, dann übergeschnappt… und Vergebung… der Gedanke der Vergebung… das hieße, sich entschuldigen, mich entschuldigen, und dazu bin ich nicht berechtigt… es hieße, mir selbst vergeben… das macht keinen Sinn. Bei diesem Maß an Schande bricht der Gedanke der Vergebung als solcher zusammen, er ist obszön. Man bleibt beim *status quo*, damit die Welt weiterlebt. Der Gedanke der Vergebung würde die Welt töten…

Ich befinde mich jetzt im Zustand der Verständnislosigkeit der Welt, im Unglauben an die Welt… im Unglauben an mich. Ich bin eine Welt geworden, zu der ich keinen Zugang habe, die ich nicht verstehen kann… Und Rache, das auch nicht… stell dir vor, was rächen, wen, bei welchem Grad der Verworfenheit und des Zynismus, nein. Mögen die Leute, die damit zu tun haben, sehen wie sie klarkommen. Die Nummern, die sie uns eintätowiert haben, werden sich auf sie und ihre Nachkommen übertragen, das stelle ich mir vor… aber es ist nicht sicher, und es geht mich nichts an…«

Manchmal gibt Klara Urteile von sich, kategorisch wie alle Urteile. Ich glaube, genau diesen Spruch in Erinnerung zu haben:

»Es kostet ebenso viel Mühe, zur Verachtung der Menschheit zu gelangen, wie zu ihrer Verherrlichung.« Ich weiß nicht.

Später.

»Ist eine Frage ein Gedanke… man möchte es meinen, und doch bin ich in der Frage, die kein Gedanke nährt. Das Brüten besteht aus Bildern ohne Gedanken, Bilder und abermals Bilder… mit einem Fragezeichen, das ich nicht einmal setze… am Ende bleibt die Leere der Frage, Rückblende für die Bilder, rück und rück. Ich weiß nichts. Nichts mehr.«

Heute abend vor dem Schlafengehen ein rätselhafter Satz, als wir über die Peiniger sprachen.

»Fragt sich nur, ob wir in ihren Träumen waren oder sie in unseren… und es nimmt kein Ende…«

Zu müde, um zu fragen, warum »oder« und nicht »und«.

Vielleicht hat sie sich versprochen. Schlafen. Ich kann nicht mehr.

Donnerstag, 23. 8.

Léandre reist übermorgen wieder ab. Alban hat mir erklärt, daß er in Paris eine große Anzahl Wohnungen besitzt und außerdem ein ganzes Mietshaus etwas weiter entfernt in der Avenue Henri-Martin.

»Mach dir wegen ihm keine Gedanken, in ein paar Tagen hat er alles organisiert und jemand für den Haushalt gefunden.«

Ich merke jetzt, daß Alban zurückhaltender ist, wenn es um seine Eltern geht, und über seinen Vater zu sprechen scheint ihm fast zu widerstreben. Ich habe ihm von dem Gespräch mit Léandre am ersten Tag erzählt. Er gab keinen Kommentar. Ich war etwas überrascht, habe nicht insistiert. Wenn Alban nichts sagen will, hat er eine ganz eigene Art, vom Thema abzulenken. Diesmal hat er mir angekündigt, daß er die Salpêtrière demnächst verlassen wird, um sich auf Kinderheilkunde zu spezialisieren. Er hat sich lange mit seinem Chef darüber unterhalten. Der ist einverstanden, es muß nur ein Ersatz gefunden werden, den Alban in den Dienst einweisen soll. Jetzt, wo er sich seiner Sache sicher ist, hat er mir freundlicherweise erklären wollen, wie sehr Victoires Geburt ein Schock und eine Enthüllung für ihn war. Victoire also ausschlaggebend, aber auch all die Kinder, die er während des ganzen Krieges behandelt hat und bis heute behandelt, und denen gegenüber er sich ohnmächtig fühlt. Er fürchtet,

Fehler zu machen. Er sprach vom Schmerz der Kinder, körperlich, aber vor allem seelisch, und von der Unfähigkeit, ihnen Erleichterung zu verschaffen, aus Zeitmangel, aber auch aus mangelndem Sachverstand. Er hat mich daran erinnert, daß Rainer ihm viel von Freud und Melanie Klein erzählt und ihm seinen Wunsch anvertraut hatte, sich nach dem Krieg auf dieses Gebiet zu spezialisieren. Er hat mir auch gesagt, wie sehr Rainers Freundschaft ihm mehr und mehr fehlt.

Wir haben noch einmal über Victoires Geburt gesprochen.

Alban war nicht wohl zumute. Es war seine erste Geburt ohne fachkundige Assistenz, er hatte nur mich, und für mich war es auch das erste Mal. Genau genommen waren wir vier, für die es das erste Mal gewesen ist! Seit einer Woche hatten wir in der Wohnung alles vorbereitet. Klara war ruhig und sanft, sie beruhigte uns. Zweifellos sah man uns die quälende Sorge wider Willen an. Alles ging gut. Klara hat kräftig auf eine Tischserviette gebissen, größtmögliche Diskretion war geboten. Agathe, die sich gerade von Isidores Niederkunft erholte, hielt sich bereit, im Notfall einen von Albans Kollegen anzurufen.

Ich erinnere mich, wie gerührt wir beide waren, als Victoires Köpfchen erschien. Dann auch Klara gerührt und strahlend. Ich sehe sie vor mir. Ihr naßgeschwitztes langes blondes Haar, ihr freudestrahlendes Lächeln. An Victoire denkend, könnte ich heute von »Siegermiene« sprechen. Ein kleiner falscher Ton irgendwo in einer Ecke des Gedächtnisses, ihr ziemlich kühles »Nur der Vater fehlt«. Mitten in Klaras überschwenglichem »Lika, Lika, Alban, ihr ward wunderbar, danke, danke…« ist dieser Satz gefallen, nicht Rainer, sondern der Vater… wahrscheinlich schon damals ein heimlicher Groll.

Manchmal neige ich dazu, auszuradieren, was mich stört. Wenn es zu stark ist, übergehe ich, aber das Wenige, das ich schreibe, tut mir wahnsinnig gut.

Schreiben verschafft mir Erleichterung, gewiß, aber auch mehr und mehr Lust. Ich versuche, Klaras Worte und vor allem ihr Denken nicht zu verraten.

Ja, damals sagte sie Lika, Alban, Rainer, Agathe… es hat einige Tage gebraucht, bis ich das Fehlen der Anreden, jeder Form von Höflichkeit bemerkt habe. Sie sagt nicht Lika, Alban… während wir die ganze Zeit Klara, Klara.

Am Anfang habe ich ihren ersten Satz geschrieben, »guten Tag Angelika, wie geht es dir?« Jetzt bin ich mir nicht mehr sicher. Vielleicht hat sie bloß gesagt, »guten Tag, wie geht es dir?« Und »guten Tag«, hat es das überhaupt gegeben? Warum sollte sie es an diesem Tag gesagt haben und seither nie?

Sie ruft mich nicht von einem Raum zum anderen. Sie hebt die Stimme oder sie wechselt den Standort. Sie kommt in mein Zimmer, ohne zu klopfen. Eines Abends zog ich mich gerade aus, sie hat sich mit keinem Wort entschuldigt, sie hat gesagt, »ich mag mich nicht mehr ausziehen«. Zum Spaß habe ich gesagt, »und für die Badewanne?« Sie hat gesagt, »Wasser bedeckt, und es ist schlimm, herauszukommen«.

Keine Spur mehr von Höflichkeit also, kein Danke, Bitte, Verzeihung, Guten Tag, Gute Nacht, und erst recht nicht *Mahlzeit*! Schwierige Daseinsweisen, ein schwieriger Umgang. Wir sind alle zur Höflichkeit erzogen worden, bei uns zu Hause eher natürlich und formlos, bei Klara förmlicher und ein klein wenig steif.

Das alles ist vollständig verschwunden, so konsequent gestrichen, daß, wenn keine Herausforderung, mindestens ein sehr fester Wille dahinter zu stehen scheint.

Ich habe sie nach Agathes letztem Satz gefragt.

Als Klara mit den beiden Gendarmen die Treppe herunterging, soll Agathe sich über das Geländer gebeugt und gerufen haben, »ich kümmere mich um deine Turteltaube«.

Das ist er, Agathes Satz: »Ich kümmere mich um deine Turteltaube.«

Wir waren lange still.

Heute abend, vor dem Schlafengehen, hat Klara gesagt.

»Sie hat die französische Sprache gerettet, sag es ihr… danach habe ich nichts mehr gehört und nichts behalten von meiner Überführung nach Drancy. Ich habe mich an diesen Satz geklammert, sag ihr das… bis zu meiner Abreise aus Frankreich, *la douce France.*«

Samstag, 25. 8. 45, Henri-Martin

Seit einiger Zeit frage ich mich, ob Klara noch liest und schreibt. In der Rue Richer gibt es eine gute Bibliothek, aber ich habe nie ein Buch im Wohnzimmer herumliegen sehen. Gestern abend habe ich ihr die Frage gestellt. Sie hat geantwortet, sie könne nicht mehr lesen.

»Oder ich bräuchte eine komische Literatur, naiv und komisch. Das ist ungefähr alles, was ich lesen könnte, und selbst das kann ich noch nicht.«

Sie hat nachgedacht.

»Es müßte etwas sein wie... es waren einmal drei liebreizende junge Mädchen, kahlrasiert und mager. Da kam eine dicke Fettsau mit Haaren vorbei. Eine der Liebreizenden stellte ihr ein Bein, und rums, fiel die schöne Dikke in die Scheiße. Die drei Fräulein nahmen Stöcke, und lachend schlugen sie ihr auf den Kopf, ihren hübschen Schweinskopf. Jedesmal, wenn sie auftauchte, wieder ein Schlag, und sie knüppelten sie tief hinein und lachten, lachten. Siehst du, das ist die Komik von Oświęcim. Alles, worüber wir da unten gelacht haben, wird anderswo nicht komisch genannt, höchstens in Possen... aber wenn es eine Posse wäre, egal, darauf kommt es mir nicht an.«

Schweigen.

»Und was interessiert dich an dieser Geschichte?«

»Zu wissen, daß es mein letztes Lachen war. Der Augenblick, der Ort und die Umstände des letzten Lachens... das ist Brzezinka...«

»Brzezinka ist doch Birkenau, nicht wahr?«

(Ich weiß es, aber ich will eine Reaktion.)

»Ja, aber kein Wort mehr auf deutsch, ich will nicht.«

»Das ist unmöglich, Klara!«

»Ebenso unmöglich wie da unten zu leben, von da unten zurückzukehren, aber das Unwahrscheinliche ist möglich. Innerhalb des Unmöglichen gibt es immer ein kleines Mögliches.«

Was folgte, erscheint wie eine Abrechnung mit der deutschen Sprache, den Deutschen im allgemeinen, aber auch den Juden.

Klara spricht nie ein deutsches Wort (bis auf manche Ausrutscher, die sie schnell zu vertuschen sucht), nicht einmal um der Genauigkeit willen spezifische Lagerbegriffe, die ich im Lutétia ständig gehört habe, seit die ersten Gruppen von Häftlingen zurückgekommen sind. Sie spickten ihre Berichte mit deutschen Wörtern, Klara nie. Manchmal verlangsamt sie ihren Redefluß, was ich anfangs für eine neue Gewohnheit hielt, etwas wie Gedächtnislücken oder schmerzliche Erinnerungen, die es zu vermeiden oder mit Vorsicht zu formulieren gilt. Jetzt begreife ich, daß es ein ununterbrochenes Bemühen ist, die Sprachschwierigkeit zu umgehen.

»*Vite, vite, vite*«, sagt sie zu mir, »denk dieses Wort auf deutsch, aber sag es bloß nicht.«

Und ich, ich denke *schnell, schnell, schnell.*

»Ich werde den Rest meines Lebens nicht damit fertig werden, diese Sprache in mir zu töten. Tag für Tag werde ich alle zarten Triebe, die nachwachsen könnten, die zwangsläufig nachwachsen, abschneiden, bis der Saft versiegt. Dann sterbe ich vielleicht... Wenn ich wieder Deutsch spräche, hätte ich Angst, daß diese Sprache mir plötzlich ins Gesicht bellt. Alle Deutschen müssen damit leben, mit dieser Bedrohung. Aber das deutsche Volk wird immer mein Volk bleiben, die deutsche Nation meine Nation, selbst wenn ich kein deutsches Wort mehr schreibe, kein deutsches Wort mehr ausspreche, in meinem Innersten weint diese Sprache. (Sie hat »weint« gesagt.) Sie haben sie bellen lassen, die Sprache Goethes, Schillers, Hölderlins, Heines, Fontanes, Kants und eines ganzen Volkes. Sie haben so laut gebellt, daß das Echo ihres Bellens nicht verstummt. Und doch war es diese Sprache, in der ich das letzte Mal gesummt habe... Wider Willen werde ich die Melodie bewahren, während ich die Worte zu vergessen suche, aber ein Teil von mir wird nicht täuschen können. Ich bewahre diesen nicht auszulöschenden Akzent, ich bin gezeichnet fürs Leben, für den Tod. Mein Gehirn wird von dieser Sprache durchblutet, sie ist meine, meine, hörst du, die Sprache meiner Kindheit, meines Vaters, meiner Mutter und all meiner Verwandten, Großeltern und Ahnen, die sich seit Generationen in dieser Sprache geliebt haben, die in dieser Sprache Versprechen und Schwüre geleistet, gestammelt, gelogen und uns gewiegt haben und die mit deutschen Worten auf den Lippen in ihrem deutschen Bett gestorben sind, umgeben von ihren Liebsten, die sie auf deutsch trösteten und auf deutsch trostlos waren. Auf deutsch, immer nur auf deutsch.«

Anschließend sprach Klara über das Lager, wo es vorteilhaft, wenn nicht unerläßlich war, Deutsch zu können.

»Ich habe meine Sprache benutzt als wäre sie mein Körper, ein in den Dreck gezogener Körper, Deutsch als ein verachteter Körper, meine Sprache, ich habe sie prostituiert, ja, ich habe meine Muttersprache als Hure benutzt, die Klangfarbe meiner Sprache, die ich nie verloren habe, in keiner anderen Sprache außer im Russischen. Meine Sprache, meine geliebte Sprache, dazu hat sie gedient, meine Haut zu retten, immer wieder… ich trieb sie vor mir her, ließ sie mit dem Arsch wackeln, ja, so vulgär, guck mich nicht so an, sagte ich ihr jedes Mal, komm du Schlampe, komm den SS-Typ anmachen, du wirst ihn schon einwickeln, den SS, solche Geschichten… ich sagte mir, wenn sie töten hilft, kann sie mir leben helfen, sie taugt zu allem, diese Hure… aber manchmal war sie wie ein Kind und ich wiegte sie, sagte Reime auf, Gedichte, ich reinigte sie sorgfältig von allem Schmutz, ich wischte sie ab und sagte ihr, das bist du auch, du wirst es wieder werden, aber es ist zu hart, auch ich spucke dich an.«

Klaras Rede ist monoton und ihre Worte sind wie ein Fluß, der Felsbrocken, Kiesel, die Toten und die Trümmer durcheinander in den Fluten wälzt, ohne Unterschied, unterschiedslos alles, was sich mitreißen läßt. Für mich ist es einfach nur gespenstisch, irreal. Klara, gestrandet um Bilanz zu ziehen. Scheinbar ist das der Grund, warum sie hergekommen ist. Warum sonst?

»Wir Deutschen mußten uns manchmal sagen, daß es nicht unsere Sprache war, wenigstens versuchen, es uns irgendwie vorzustellen. Alle anderen werden bei der Heimkehr vergessen, oder zumindest werden sie nicht diese Wörter der Gewalt haben, Wörter aus einem bestimmten Raum und einer bestimmten Zeit, nicht aus ihrem wiedergefundenen Alltag, einzelne Wörter, keine Sprache, Wörter in Klammern im Wortschatz ihres Lebens. Die Deutschen, Opfer und Peiniger, müssen immer in dieser Mundart reden, die Wörter besänftigen, die gebellt haben, zulassen, das Wort SCHNELL zu sagen und zu hören, ohne um ihre Haut zu fürchten oder das Leben eines anderen zu bedrohen... Das ist der Grund, warum ich eine andere Sprache brauche, ein anderes Land, andere Landschaften, Orte, eine lange Zeit, die in nichts dem gleichen, was ich gekannt habe, die mich in nichts an Europa erinnern können. In Oświęcim gab es das ganze europäische Babel, bis auf Englisch. Sonst, ja, sonst alles.«

Schweigen.

»Darum glaube ich, werde ich eine tote Sprache lernen, und vielleicht fühle ich mich darin wohl. Tote Sprachen bellen nicht mehr. In allen gesprochenen Sprachen kann man bellen, jeden Moment bellen. Mit den toten Sprachen macht man das nicht mehr. Sicher wurde auch auf lateinisch gebellt, auf altgriechisch, auf ägyptisch, auf sumerisch... heute, nein. Wenn eine Sprache wiederauftaucht, stellen wir uns vor, kann sie bellen. Wenn sie frische Luft bekommt, die Sprache, bellt sie. Vielleicht ist das normal. Ich habe Zionisten getroffen. Sie lernen wieder Hebräisch. Die Juden werden auf hebräisch bellen, du wirst sehen, sie werden bellen in dieser seit zweitausend Jahren geschützten Sprache. Die Sprache der Gelehrten, der Gesänge und des Gebets wird wieder bellen wie jede andere Sprache. Vielleicht ist das ganz normal... alles an dieser Geschichte ist vielleicht ganz normal...«

Ich habe noch nicht geschrieben, daß Klara meistens im Gehen spricht, sie kehrt regelmäßig an den Tisch zurück, um ihre Asche abzuklopfen oder ihren Stummel auszudrücken. An diesen Gesten ermesse ich ihre Nervosität und manchmal ihre rasende Wut. Ihre Stimme bleibt meistens ausdruckslos, wobei seit einiger Zeit, einer Woche höchstens, gelegentliche Betonungen auftauchen. Ich gewahre Ansätze von Fragen und sogar verhaltene Ausrufe. Das alles noch recht schwach.

Die Fortsetzung ist ungefähr so.

»Auch die Juden werden töten. Daran wird man sich gewöhnen müssen. Bellen und töten können auch sie. Wenn die Juden ein Volk geworden sind, das ein Land, einen Heimatboden hat, dann wird dieser Krieg ein mörderisches Volk mehr fabriziert haben. Es gibt keinen Grund, warum es nicht ebenso dumm wäre wie die anderen Völker auch, das ist alles schlechte Gute, was ich ihnen wünsche.«

»Aber du, Klara, du bist doch auch Jüdin, oder? Genau wie ich, scheint es...«

»Nicht mehr als vorher. Mir ist es ebenso unmöglich, Jüdin zu sein, wie nicht Deutsche zu sein. Sie haben es nicht geschafft, mich zur Jüdin zu machen, nein... mich als Jüdin anerkennen würde bedeuten, ihnen recht zu geben, diesen Verrückten, diesen Idioten, diesen Perversen.

Sie könnten sagen, seht ihr wohl, wie recht wir hatten, sie sind eben doch Juden, auch wenn die Erinnerung erst eine Schockbehandlung braucht, nein, das nicht, nicht mit mir. Muß denn nach einem Großbrand jeder Feuerwehrmann oder Brandstifter werden? Warum sollte ich meinen Ahnen bis in die hundertste Generation entsprechen, und was ist an der jüdischen Religion so Außergewöhnliches, diese alten Kamellen sind so interessant wie jede x-beliebige Mythologie, nicht mehr und nicht weniger. Wenn du es wissen willst, bin ich der tiefsten Überzeugung, daß Hitler den Juden die Hand gereicht hat, damit sie Juden bleiben oder es wieder werden, und die Rückkehr in den Schoß des Judaismus wäre eine Huldigung an diesen erbärmlichen Gefreiten. Ich weigere mich, ja ich weigere mich mit aller Kraft, dem Massaker, das stattgefunden hat, irgendeine Transzendenz zu unterstellen. Es war ein Gemetzel, sonst nichts. Die Wirklichkeit war schmutziger als alles, was man sagen oder an Hirngespinsten entwickeln kann. Manche werden einen Zusammenhang mit der Geschichte des besiegten hebräischen Volkes, den Meistern des Exils, herstellen... was sollen die Zigeuner sagen? Das Volk der Schrift... das Volk ohne Schrift... Alle auserwählten Völker werden eines Tages in die Pfanne gehauen... Pazuzu hätte es wissen müssen. Nur dieser Irre und manche Juden glauben noch an das Märchen vom auserwählten Volk. Alle anderen kommt es teuer zu stehen. Und dann diese Idee der reinen Rasse, das ist eine reine Schweinerei, ja, die Idee eines unfähigen, besessenen, wassertrinkenden Schweins. Erinnerst du dich an den französischen Arzt, der so vollkommen irre Sachen über die Juden schrieb, die Neger-Juden, ich erinnere mich...«

»Ja, Céline, Ferdinand Céline, wir haben so gelacht, weil die Sprache für uns so merkwürdig und komisch war, wir haben nicht alles verstanden, Rainer meinte, er müsse Dünnschiß haben, der ihm zur falschen Röhre rausgekommen sei, und Alban wollte, daß man ihm den Arztberuf verbietet.«

»Oh die Ärzte... seit man weiß... wir hatten schon recht, damals so zu lachen... auch über jeden Mist... ja, man hätte über alle diese Dinge lachen müssen, lachen über diesen österreichischen Gefreiten, einfach lachen... diesen Idioten ernst zu nehmen war das größte Verbrechen der europäischen Nationen.«

»Und an erster Stelle Deutschlands, oder?«

»Ja, natürlich, aber du weißt ja noch, wie sehr dieser gräßliche Versailler Vertrag uns in die Knie gezwungen hatte.«

Klara, die unheilbare Deutsche.

Sonntag, 26. 8. 45, Rue Richer

Ein Monat schon seit dem Hotel Lutétia.

Mir bleiben Bruchstücke von Donnerstag und gestern. Ich schreibe wie unverpackter Kaffee.

Klara hat mich an das Buch von Wassermann *Der Fall Maurizius* erinnert, über das wir mit Rainer so heftig diskutiert hatten. Mauritius, wegen eines Verbrechens, das er nicht begangen hat, zu lebenslangem Zuchthaus verurteilt, wird nach achtzehn Jahren begnadigt. Der halbwüchsige Sohn des Oberstaatsanwalts – der das Urteil betrieben hat – stellt in Berlin eigene Nachforschungen an und erfährt, daß sein Vater in der Zwischenzeit Mauritius' Begnadigung erwirkt hat, was bei ihm einen Aufschrei der Empörung gegen diese neue Ungerechtigkeit auslöst. Er spürt von vornherein die Erniedrigung durch diesen Gnadenakt, der die Schuld des Unschuldigen festschreibt, und ist betroffen über die Feigheit der Rechtsprechungsorgane, die ihren Irrtum nicht zugeben wollen und lieber die Begnadigung unterzeichnen als eine Rehabiliterung, ohne sich um die Konsequenzen für den Mann zu kümmern, der so nicht weiterleben kann. Tatsächlich bringt sich Maurizius einige Tage nach seiner Freilassung um.

Donnerstag sprach Klara von diesem Buch, um mir zu erklären, daß es eine Rehabilitierung für die überlebenden zivilen Opfer nicht geben werde, und im übrigen, sagte sie, sei ihre Befreiung im eigentlichen Sinne keine Befreiung gewesen.

»Wir befanden uns auf der Marschroute der Armeen, sonst nichts. Sie haben nichts extra für uns unternommen. Es war Zufall. Sie kamen da vorbei. Die Generalstäbe haben ihre Strategie nicht geändert, man kann sich sogar vorstellen, daß wir ihnen eher lästig fielen als sonst etwas. Sie hatten übrigens nichts vorgesehen. In Oświęcim konnte man machen, was man wollte. Die Russen wußten absolut nicht, nach welchem Konzept sie verfahren sollten, sie hatten Angst vor dem Typhus, jeder mußte zusehen, wo er blieb. Mir kam das gelegen, weil ich mich noch auf den Beinen halten konnte. Mitten im heillosen Durcheinander habe ich's geschafft, wegzukommen, aber auch, weil ich Russisch sprach.«

Dann hat sie mir erzählt, daß sie einen Passierschein für Krakau bekommen hatte und im Krankenhaus war. Dort ist sie einem Arzt begegnet, der sie gefragt hat, ob sie bereit wäre, mit seinen Kindern ein paar Stunden am Tag Russisch zu sprechen. Sie hat es gemacht. Den ganzen Februar und die erste Woche März ist sie in der Familie geblieben. Man gab ihr etwas Geld, Vitamine, sie konnte essen und Tee trinken, sich einigermaßen ausruhen und vor allem bekam sie warme Kleidung, darunter eine lange Hose von dem größeren Sohn. Die Beziehungen waren herzlich, ohne warmherzig zu sein, aber das kam ihr entgegen. Die Frau des Arztes, die Deutsch sprach, lernte mit den Kindern Russisch. Fürs erste war alles bestens, hat Klara gesagt. Doch eines Tages wollte die Frau wissen, weswegen sie im Lager gewesen war, und Klara hat geantwortet, »wegen nichts«. Das ist unmöglich, hat die Frau gesagt, man war immer wegen etwas dort. »Wegen nichts«, hat Klara wiederholt, und die andere stur, unmöglich, das kann ich nicht glauben. Klara hat gesagt, »oh! dann weil sie gefunden haben, ich sei Jüdin…«, und die Frau, ah! sehen Sie, Klara, es war eben doch wegen etwas, niemand ist unschuldig.

Darauf hat Klara ihr ihren Tee ins Gesicht geschüttet, die Kanne, die Tassen und alles, was auf dem Tisch stand hinterher, sie hat versucht, den ganzen Tisch umzuwerfen, und als ihr das nicht gelang, hat sie andere Sachen im Zimmer kaputtgeschlagen, ehe sie in den Flur rannte, wo sie sich den Mantel der Dame schnappte. Das ist also die Geschichte von dem Mantelhund.

Später erklärt sie mir die Gründe ihrer unbändigen Wut.

»Da unten gab es tonnenweise Vorschriften, aber keinerlei Gesetz, es sei denn die Willkür. Und Willkür ist kein Gesetz im juristischen Sinne.

Für das, was man uns angetan hat, konnten wir nur unschuldig sein. Die allgemeingültigen Gesetze gaben ein Zeitmaß vor, eine durch das Urteil festgelegte Zeit. Für die Unschuldigen sind die Strafen grenzenlos. Dieses polnische Luder hätte es wissen müssen, sie war Juristin.«

Klara sagt nichts über rechtmäßige Staaten, die nicht weniger von Rechts wegen ein ganzes System niederträchtiger Gesetze erlassen, das nicht einmal mehr den Aspekt einer Lotterie und somit die Chancen der Willkür bietet.

Sie hat sich zwei Wochen lang in Krakau versteckt, auf der Suche nach einem Transport, um Polen zu verlassen. Schließlich hat sie einen Platz für Prag erwischt... Die ganze Reise hat sie so gemacht, von einer Gelegenheit zur anderen.

»Ich weiß, wie man sich versteckt, ich kann stehlen, lügen und die Wahrheit sagen, was unter bestimmten Bedingungen das gleiche ist, ich habe Reflexe, die mich ungefähr erreichen lassen, was ich will. Das alles beherrsche ich, und es ist eine große Wissenschaft.«

Ich muß sie fragend angesehen haben, denn etwas später fügte sie hinzu:

»Hier sage ich nur die Wahrheit. Jetzt ist es an der Zeit, daß auch ich meine Geschichte begreife.«

Und natürlich glaube ich ihr. Ich muß ihr glauben, das brauche ich.

Montag, 27. 8.

Gestern waren Agathe und ich auf Stippvisite in Barbery. Die Kleinen fehlen uns. Halb enttäuscht, halb erheitert festzustellen, daß wir ihnen offenbar gar nicht so sehr fehlen. Adeline hat wieder einmal ihr Feingefühl bewiesen, denn als wir abfuhren und gerade den Motor anlassen wollten, hat sie sich zu Agathes Tür gebeugt und gesagt, »aber wir sprechen jeden Tag von euch, ihr beiden Hübschen«. Da sind wir vor Lachen losgeplatzt, und unterwegs haben wir uns gegenseitig an den Kopf geworfen, wie verrückt wir doch sind.

Es hat gut getan, die paar Stunden in Barbery und die Fahrt mit Agathe. Ein richtiges Durchatmen für mich. Agathe hat mir gesagt, ich sähe schlecht aus, ihr selbst geht es ebenfalls nicht blendend. Dieser Sommer ist schwer zu verkraften. Es herrscht Frieden, ja, aber die letzten fünf Jahre drücken, und das ist nicht alles. Trotzdem haben wir ein schlechtes Gewissen, weil zwar unsere Nerven strapaziert worden sind, aber physisch haben wir wenig gelitten. Alban und ich haben uns vorgenommen, nach Klaras Abreise etwas Urlaub zu machen. Auch er sieht mitgenommen aus.

Ich habe Agathe den Satz weitergesagt, den sie Klara auf der Treppe zugerufen haben soll. Sie hat sich sofort erinnert. Sie ist glücklich zu wissen, daß dieser einfache Satz Klara Halt gegeben hat. Sie nimmt ihr nichts mehr übel. Das mit Victoire versteht sie immer noch nicht. Aber wer versteht es schon?

Habe meinen Posten hier, in der Rue Richer, wieder bezogen. Schleppe mich dahin. Morgen schreibe ich das Gespräch auf, das wir vorhin hatten. Sie hat mir von Berlin erzählt. Heute abend tauge ich zu nichts mehr.

Dienstag, 28. 8., Henri-Martin

Fabienne ist in der Rue Richer. Ich kann also in Ruhe schreiben. Alban hat Dienst.

Gestern sind wir um drei Uhr morgens ins Bett gegangen. Klara erzählt, unterbricht sich oft. Berlin wird heraufbeschworen. Sie bringt mich nach Berlin zurück. Berlin in Trümmern, das ich nie sehen werde.

Ihr Redefluß ist schneller, sicherer auch der Wortgebrauch. Es sind jetzt längere Sequenzen, durchsetzt mit fast ebenso langen Schweigepausen, aber dann stürzt sie sich wieder hinein als drängte es sie, zum Ende zu kommen. Manchmal schleichen sich einige deutsche Wörter ein, dann sagt sie, »vergiß es« und beißt sich auf die Unterlippe.

Berlin also.

»Da ich ohne Lachen und ohne Tränen war, habe ich Berlin geliebt wie es in Trümmern lag, in die Luft gesprengt, mit Splittern übersät… ja, ich habe es geliebt, dieses Berlin, ein einziger Haufen… ich habe die Trümmer von Berlin geliebt. Berlin ist nur noch Trümmer, und Berlin in Trümmern gehörte so zu mir wie ich vor dem Krieg zu Berlin gehörte. Wären meine Freundinnen dabei gewesen, hätten wir Berlin mit ha! ha! ha! wieder aufgebaut, und wir hätten getanzt, auf dem BUNKER der

HITLERSTRASSE getanzt und getanzt, alle Straßen von Berlin voller Trümmer heißen PAZUZUSTRASSE, werden PAZUZUSTRASSE heißen.«

Langes Schweigen.

»Hitlers Bauwerke in Trümmern, das ist viel besser. An den Fassaden… wie ausgelaufene Wimperntusche, das hat gefackelt, das hat saumäßig gefackelt. Was bleibt, ist der Muff häßlicher Mausoleen, aber es ist, als wäre der Raum glücklich, wieder Luft zu bekommen. Der Boden atmet jetzt besser. Der verletzte deutsche Boden atmet besser. Im Grunde ist das gut, all diese Trümmer, es ist gut für die Deutschen, daß sie Neues bauen können. Sie werden genug mit dem zu tun haben, was sich nie ändern wird, ich meine ihre Sprache, ihr Klima, ihre Erinnerungen… (Schweigen)

Jetzt müßten die Deutschen ans Eingemachte gehen, aber ich kenne sie, sie werden es nicht tun, sie werden nicht einmal verzweifelt sein.«

Ich habe gesagt, »du übertreibst«.

Sie sagte, »nein, natürlich nicht, du hast keine Ahnung«.

Ich verstummte.

Dann sprach sie von den Berlinerinnen, die in den Trümmern wühlen.

»Vor allem Frauen und Kinder, eine Art Tiere, möchte man meinen, wie herrenlose Hunde, freie Vögel (sicher meint sie *Vogelfreie*, die Geächteten), scheußliches Wüstengetier, Viecher wie Raben und Aasfresser aller Art. Wenn sie sich bücken, die Frauen, sieht man ihre fetten Schenkel, ich jedenfalls habe nur fette gesehen, nie magere. (Wir wissen ja, was das bei Klara heißt!) Nur wenige Männer. Sie haben keine Waffen mehr... und Steine heben, das ist nichts für sie, sie warten lieber auf die Bulldozer.

Man muß sagen, die Frauen nehmen alles, egal was, Stuhlteile, Stoffetzen, Geschirr, zwangsläufig zerschlagenes, ekelhaftes Zeug, sie wollen nicht nichts mehr haben, also sammeln sie den letzten Dreck, Abfälle, Müll, sie merken es nicht, sie brauchen Sachen um sich, im Keller, etwas außer ihren Kindern, wenn noch welche übrig sind. Es sind die Mütter und die alten Frauen, alte Männer habe ich nicht viel gesehen. Diejenigen, die alt erscheinen, sind es vielleicht gar nicht so, wenn man das Alter der Kinder bedenkt. Auch sie sammeln, aber eher wie Schatzsucher, und sie sind höchstens fünfzehn. Was diese Frauen machen, ist Plünderei oder vielmehr ein wahlloses Zusammenklauben ohne Sinn und Verstand, sie sind nicht die, die mit ihrer Ernte einen Handel auf die Beine brächten, es steht kein Geschäftssinn dahinter, um zu verkaufen, muß man denken, in erster Linie denken, überschlagen, rechnen, aber sie, sie denken nicht noch überschlagen sie und rechnen schon erst gar nicht, nein, sie pflücken und sammeln wie ihre Ahnen aus der Vorzeit, Primitive also, und primitiv, wie ich selber bin, habe ich ihnen aufgelauert und sie bedroht wie eine Primitive, um sie zu verjagen. Sie hätten das gleiche getan, um mich zu töten. In diesem Fall hätten sie mich mit Steinen beworfen, daran fehlte es nicht, aber ich hatte ein Bleirohr in der Hand und habe sie als feuchten Dreck beschimpft, mit dem gemeinsten Pankower Akzent. Sie haben Angst gekriegt...

Ich habe nichts mitgenommen, ich wollte sie nur ärgern, Deutsche ärgern. Das also ist aus ihnen geworden. Ein Volk von Clochards, ein Armenhaus, mit ebenso viel Grausamkeit und Einfalt, ebenso viel Härte und Gleichgültigkeit. Ratten, ein Volk von Ratten, aber lausigen feigen Ratten...«

Danach erzählt sie von einer anderen Begegnung dieser Art auf einem Schutthügel (Schutthügel ist Klaras Ausdruck). Die Szene muß sehr gewalttätig gewesen sein, denn sie drückt sich sehr kompliziert und abgehackt aus, hält inne, setzt wieder an, stockt und fährt fort. Zu komplex, als daß ich mich wirklich im einzelnen an all die Wendungen erinnern könnte. Ich versuche eine Darstellung ihres Berichts, der nicht unzusammenhängend war, aber gebrochen. Gebrochen scheint mir das richtige Wort.

Eine im Schutt wühlende Frau – eine Hündin, hat Klara gesagt -, die sich erst aufrichtet, dann duckt, ohne Klara aus den Augen zu lassen, die mit der Hand tastend einen Stein ergreift, einen undefinierbaren Brocken, etwas Erfühltes, und sich wieder aufrichtet, sicher und unsicher zugleich, sicher, was sie tun will, unsicher, was sie in der Hand hat und was bröckelt, während die drei Kinder sich an sie drängen, festen Halt auf dem Geröll suchend, das alles in einer Sekunde, hat Klara gesagt, in einer Sekunde eine kompakte Gruppe, deren vier Elemente vor dem abnehmenden Licht nicht mehr zu unterscheiden sind.

Doch die Masse löst sich wieder auf und setzt sich neu

zusammen: ein Kind hinter der höheren Silhouette, eines davor, ein anderes an der Seite, so daß man nurmehr ein großes Element und ein kleineres erkennt und die zur Faust geformte Hand der Frau, die Klara kaum sehen aber doch ahnen kann, die so schnell aufgestellten Personen erstarren, und die Szene mag einige Sekunden so geblieben sein, für Klara gerade Zeit genug, die Frau zu beschimpfen und ihr zuzurufen, sie solle schleunigst abhauen, während sie, um dem Nachdruck zu verleihen, ihren Revolver zieht, und weil sie mit ihrem neuen Wissen weiß, welche genaue Drohung auszustoßen ist, um die gewünschte Wirkung zu erzielen, etwas hinzufügt wie »nicht dich werde ich... sondern eines deiner...«, die Frau schiebt ihre Kinder auf die Seite, nimmt sie in Dekkung, zieht sich schräg über den Abhang zurück und verschwindet.

»Von ihrem Dreckzeug habe ich nichts mitgenommen. Ich wollte die Sonne untergehen sehen... ein haßerfüllter Sonnenuntergang... für mich allein...«

Deutschland, bleiche Mutter!
Wie haben deine Söhne dich zugerichtet
Daß du unter den Völkern sitzest
Ein Gespött oder eine Furcht!

Nach dieser Geschichte (oder wie soll man sie nennen) und bei Klaras Nervosität wollte ich keinen Kommentar abgeben. Wozu auch. Ich habe sie aber gefragt, ob sie wirklich eine Waffe habe. Ja, seit Auschwitz hat sie einen Revolver, aber sie hat keine Munition mehr. Ein kurzes Schweigen – sicher von Skepsis erfüllt – hat sie veranlaßt, ihr tief unter das Sofa geschobenes rotes Köfferchen hervorzuziehen. Sie hat mir den Gegenstand gezeigt...

»Ich weiß, daß du mir nicht vollständig glaubst, aber hier lüge ich nicht.«

Mir fiel ein, daß Klara mit ihrem Vater Schießen gelernt hatte. Soweit ich mich entsinne, liebte Klara diese Übungen. Das hat sie mir etwas später am Abend bestätigt, denn wir haben beide gleichzeitig – wahrscheinlich wegen dem Revolver – an Ulrich Adler gedacht. Sie machte ihren Koffer wieder zu und sagte ohne aufzublicken, die Hände immer noch auf dem Verschluß, »ich habe meinen Vater da unten gesehen... in Oświęcim...«.

In meinem Kopf ging alles durcheinander. Nach dem Revolver war ich bereit, alles zu glauben. Da sie sich nicht rührte, immer noch an ihren Koffer geklammert, habe ich schließlich gefragt, wie, unter welchen Umständen, ob sie sicher sei...? Sie hat nicht sofort auf meine einfachen Fragen geantwortet.

»Ich habe mich geschämt, ich habe mich so geschämt... noch nie habe ich mich so geschämt... nie wieder werde ich solche Scham, so große Scham empfinden... ein solches Ausmaß an Schämen...«

»Aber wofür solltest du dich schämen? Er ist es, der sich schämen müßte, oder? Das ist Unsinn, Klara, er ist es, er, nicht du, hörst du, nicht du!«

Schweigen.

»Ich sage doch, du verstehst nichts. Da unten war ich es, die sich schämen mußte.«

»Und er hat dich gesehen?«

»Nein… er ging an mir vorbei, mit den anderen… er hätte mich nicht wiedererkennen können, aber trotzdem, ich habe den Kopf gesenkt, mich ganz klein gemacht, ich schämte mich, keine Angst, nur dieses Schämen, in Grund und Boden habe ich mich geschämt… er war mit anderen Würdenträgern zu Besuch, ich dachte, es wäre Himmler, aber man hat mir gesagt, nein, Himmler sei dagewesen, aber ein anderes Mal, ich war noch nicht im Lager… ich wußte nicht einmal, daß mein Vater bei der SCHUTZSTAFFEL war. Er muß sich bewiesen haben. Mit einer Jüdin als ehemaliger Ehefrau, ist er bei der SS untergeschlupft… ich habe einen vorsorgenden Vater… und schön… immer noch genauso schön… sehr schön, wirklich. Die Feiglinge, die miesesten Schweine können schön sein. Auch das lernt man… und sich zu schämen…«

Es war eine Verwirrung da, die sie zu beherrschen suchte. Ich hatte Lust, sie in die Arme zu nehmen, oder sie wenigstens mit Worten zu trösten. Ja, gestern abend hatte ich wieder diesen Impuls, aber ich bin sitzengeblieben und habe nichts gesagt, nichts getan. Sie schafft die Unmöglichkeit solcher Gesten.

Danach haben wir lockerer geredet. Ich habe gefragt, ob sie auf die Kinder geschossen hätte.

»Nein, natürlich nicht. Man verbraucht keine Munition für einen Sonnenuntergang. Ich bin krank, aber nicht wahnsinnig.«

Sie merkte ihre Ungeniertheit und wohl auch meine Mißbilligung, sie fügte hinzu, »keine Kinder, unmöglich auf Kinder«.

Sagt sie es nur, um mich zu beruhigen?

Es war zwei Uhr morgens und ich stand auf, um in mein Zimmer zu gehen. Ich war schon an der Tür, als sie mich fragte: »Weißt du, wie meine Mutter gestorben ist?«

Ein paar Sekunden habe ich gezögert, die Wahrheit zu sagen oder nicht. Ich habe die Wahrheit gesagt. Ich habe ihr alles erzählt: von den beiden recht dubiosen Briefen, die gleichzeitig angekommen waren, einer mit der Nachricht von Margarethes Tod, der andere um zu präzisieren, daß es Selbstmord war, und was Rainer mir bei dieser Gelegenheit über das Gift gesagt hatte, das unsere Mutter besorgt hatte. Klara hörte sehr aufmerksam zu. Sie gab keinen Kommentar ab, nur »ah! gut, so ist das also…« Das war alles. Ich habe ihr angeboten, die beiden Briefe zu suchen, aber sie will nicht.

»Siehst du, ich glaube dir.«

Ich habe versucht, mit ihr zu plänkeln. Ich versuche immer noch, allerdings immer weniger, die frühere Komplizenschaft wiederherzustellen. Bisher ist es gescheitert.

Im letzten Augenblick bevor ich ging hat Klara gesagt: »Bei Weimar gab es ein Lager… mein Vater liebte Goethe sehr…«

Ich habe gesagt, »was hätte Goethe wohl von all diesen Goethe-Liebhabern gedacht?«

Als er nach Auschwitz kam, war Ulrich Adler *Gruppenführer*… Ich dachte an Mama, die von ihm gesagt hatte: »Die Treue zu seinen Vorfahren geht ihm über Herz und Verstand.«

Mittwoch, den 29.

Endlich habe ich Fabienne kennengelernt. Ich hatte eine allzu energische Person befürchtet. Sie ist natürlich und klar. An ihrer Stimme, ihrem Wesen ist nichts Überzogenes. Sie hat ausgesprochen aufmerksame braune Augen und ein sonniges Lächeln. Auch ihre Stimme lächelt. Sie ist herzlich, ohne aufdringlich zu sein, entschieden, ohne zu brüskieren. Von Anfang an flößt sie Vertrauen ein, weil sie nichts fordert. Ich hoffe, daß wir uns nach Klaras Abreise öfter sehen werden. Im Augenblick will ich keine neuen Beziehungen aufnehmen, die nur über Klara laufen.

Sie sagt, daß sie abreisen wird, daß sie verschwinden wird, daß wir sie nie mehr wiedersehen werden. Derweilen ist sie da. Derweilen redet sie. Derweilen würde ich mir auch gern von Klara frei nehmen. In ihrer Nähe fühle ich mich alt. Sie verschleißt mich.

Natürlich verstellt sie sich, aber in ihren Reden ist soviel Haß, der bisher durch nichts ersetzt wird. Das Gegenteil vollständiger Entkräftung, ein Zeichen guter Gesundheit, würde Alban sagen. Vielleicht.

Haß. Ich glaube, ich kann dieses Wort wagen, sein Gewicht ermessen. Hätte ich im stillen über den Begriff Haß nachgedacht, wäre sein Ausdruck für mich leidenschaftlich, unbeherrscht, tobend oder verzerrt gewesen, ein Gefühl, das nach außen sichtbar wird. Stattdessen erzählt ihre Stimme bedächtig von brennenden Dingen, die erkaltet aus ihr herauskommen. Ich weiß nicht wie, aber es gelingt ihr, ihren Haß kalt auszudrücken. Fast leichthin. Immer ist da dieser Zwiespalt zwischen dem, was sie Grauenhaftes sagt, und der Art, wie sie es formuliert.

Zynismus, Glucksen, Klaras Lachen wie ein Fallgatter. Man kann nicht mit ihr lachen.

Manchmal suchen ihre unbeteiligten grauen Augen meinen Blick. Eine Art, ein Kode müßte ich sagen, den zu entziffern mir erst in den letzten Tagen gelingt. Ich erschrecke weniger über das, was sie erzählt, aber mich beunruhigt die Dosis an Grausamkeit, die sie mir tropft und tropft. Die sanfte Klara, der zu mißtrauen ich nie einen Grund hatte, zersetzt schleichend. Zersetzt mich. Und es tut mir weh. Säuretropfen ihres Hasses, den sie nicht erklärt. Ich lerne, zwischen den Wörtern zu hören. Klara tötet mich in kleinen Dosen. Ich fange langsam an, es zu spüren. Bis zu ihrer Abreise werde ich durchhalten. Jetzt, ja, jetzt wünsche ich, daß sie abreist. Soll sie abreisen!

Eben hat Agathe angerufen. Die neueste Geschichte aus Barbery ist das Ertrinken von Victoires Puppe. Sie wurde gerettet, aber ihre Wangen sind blaß. Victoire ist aufgeregt und spielt Doktor.

Antoine hat seine Pinsel herausgeholt, heute nacht wird er sich daranmachen, der armen Mimi frische Farbe zu geben. Ein Wunder für Victoire morgen früh, oder aber die Bestätigung ihrer medizinischen Fähigkeiten! Ich küsse dich, mein kleiner Liebling.

Donnerstag, 30. August

Ich lasse alle Überleitungen beiseite. Zu faul, die alte Spur wieder zu suchen. Einen Weg bestreut mit Kieselsteinen, die man wegschiebt oder zurückstößt, man hebt auf, hebt nicht auf, je nach Lust, Laune und Bedürfnis. Ohne zu wissen, warum, bleibt man stehen, es ist ein Platz, man erkennt den Platz, läßt sich nieder, man schaut nicht mehr nach dem Weg, man wird ihn nicht weitergehen, man geht anderswohin, auf anderen Wegen, die auch einen Platz am Ende haben werden. Das ist bequem und chaotisch zugleich. So ist es.

Klara: »Die Wirklichkeit nicht leugnen können, jeden Augenblick mitten in der Wirklichkeit sein. Im normalen Leben gibt es Möglichkeiten, auszubrechen, sich aus dem Staub zu machen, zu fliehen, die verschiedensten Ablenkungen, man läßt die Gedanken schweifen. Wenn ich einen Teller spüle, ein Bad nehme, kann ich mir eine Szene vorstellen, mich an eine Person erinnern… da unten, unmöglich. Realität und nichts als Realität. Die erste Woche habe ich geglaubt, das alles wäre gar nicht wahr… und was sonst als meine glückliche Kindheit hat mir erlaubt, dem, was ich lebte, ein absichtliches Nichtannehmenwollen entgegenzusetzen, und vielleicht haben mich diese paar Tage der absoluten Verweigerung darauf vorbereitet, die nicht weniger absolute Überzeugung zu leben, daß es nur noch das geben würde, daß es immer so gewesen sei und immer so sein werde, und diese Entscheidung, die keine war, weil ich keine Wahl hatte, sondern eine Art unbewußter Entschluß, dessen Ursachen ich nicht analysiert habe, trotz allem zu leben, in dieser Blase, ohne mir Fragen zu stellen, war die genaue Fortsetzung des Glücks meiner Kindheit durch die genaue Entsprechung des selbstverständlichen »versteht sich«. Ohne Hoffnung sein, ohne hoffnungslos zu werden, das war der dünne Faden, auf dem man Balance halten mußte.«

Nein, was ich geschrieben habe, stimmt nicht. Manchmal läuft man um den Platz herum und schlägt denselben Weg ein. Oft erkennt man ihn nicht wieder.

Klara (angespannt): »Wir waren da unten wechselseitig miteinander, Opfer und Peiniger, die Freude, mit dem anderen zu sein, verstehst du, es wechselseitig zu sein, usw., Seite an Seite, usw., es ging um die Wahrheit, um irgend etwas, egal was, abgesehen von der Privatsache unserer Existenz.

Da unten wurden alle Philosophien zu Fall gebracht. Die Nazis haben das Bein gestellt... nicht wir, nicht einmal wir.

Diejenigen, die zurückgekehrt sind, werden für immer wissen, was die äußersten Grenzen sind, alle Möglichkeiten äußerster Grenzen, und sogar das dazwischen, alle Nuancen des Seins. Also keine Philosophie mehr. Nie. Wie sich Gott in Rauch aufgelöst hat, hat sich die Philosophie in Rauch aufgelöst, alle Teile der Philosophie, die Moral, die Ästhetik, alles, alles ist da unten zusammengebrochen, nichts hat gehalten, und wenn schon, Pech gehabt. Alle philosophischen Systeme, gut geölt, gut gerahmt und gut poliert, das ganze gelehrte und durchgeistigte Gesums, pedantische Machwerke infantiler, naiver und anmaßender Pedanten, ssst! ab in den Müll! reiner Tisch, nichts mehr da...

Keine Illusion. Ich weiß, daß es andere geben wird, daß in diesem Moment in Gelehrtenstuben andere hohe Philosophien ausgearbeitet werden, andere Systeme, andere Erklärungen auf den Trümmern dessen, was geschehen ist, daß man fleißig weiter plappern wird über das Sein und das Nicht-Sein, mit allen möglichen Betonungen und allen möglichen Ejakulationen (*sic!*). Es wird ein einziges Geschnatter und Gekritzel sein. Sophisten, haufenweise Sophisten unter der Schutzherrschaft von Goebbels, dem letzten aller Philosophen, heiliger Goebbels, Werkmeister aller Philosophien, der Koch und der Mörder... abgesehen von der Privatsache unserer Existenz.«

»Die Philosophie kann nichts dafür, Klara, es ist das, was man daraus macht oder eben nicht macht...«

Sie schneidet mir das Wort ab.

»Dann ist es obszön. Wenn kein Denksystem stark genug ist, sich zwölf Jahren Wahnsinn zu widersetzen, wenn keine Philosophie eine Gesellschaft genug erfüllt, um sie davor zu bewahren, daß sie im Obszönen versinkt, dann ist sie selbst obszön. Oder aber man sagt laut, daß all diese gelehrten Hirngespinste nur dazu da sind, Studenten und Zitatesammlern einzuheizen... darüber könnte man lachen...«

Immer diese Ambition mit dem Lachen. Als Abwehr, als Befreiung, als Ermutigung. Eine vorläufige oder endgültige Antwort.

Ich glaube, es hat keinen Zweck, ihr zu widersprechen, sie ist zu wütend, wieder diese kalte Wut, die sie senkrecht auf dem Stuhl sitzen läßt und sie noch bleicher, noch fieberhafter macht, so daß man eine Ohnmacht fürchten muß. Sie verbirgt die Hände unter dem Tisch, aber wenn sie die Asche ihrer Zigarette abstreift, sehe ich, daß sie zittern. Sie sieht, daß ich sie sehe, was sie wahrscheinlich noch mehr in Rage bringt, weil sie weiß, daß ich nichts sagen werde, um die Polemik zu schüren. Ich habe weder Kraft noch Lust dazu, denn auf diese Weise wird das Gespräch zum Monolog und bringt mich in die Lage, zuzustimmen oder zu bestreiten.

Ihr zu sagen, daß die Philosophie vor allem ein Mittel der Erkenntnis ist, Annäherung und Suche nach dem Wie und Warum – lauter Dinge, die ihr übrigens bekannt sind -, sie von der Enge ihres Standpunktes zu überzeugen, scheint mir sinnlos.

Sie schließt, indem sie sagt:

»Das einzige, was man mit Sicherheit wird sagen können, ist, daß der Mensch ein widerwärtig zähes Wesen ist, das kann man sagen, aber das ist ungefähr auch alles... und es ist viel...«

Damit sie abläßt vom Knochen der Philosophie frage ich:

»Und die Poesie, Klara, verdammst du sie genauso wie die Philosophie?«

Ich glaube, sie ist überrascht, aber auch aus der Fassung. Ich sehe, daß sie sich langsam beruhigt. Sie sagt, ich solle warten, sie denke an Dinge, die sie im Kopf ordne. Ja, das ist Klara, sie ordnet. Das braucht sie. Ich bin sicher, daß sie spontan ist, aber ich könnte mir denken, daß sie sich oft vornimmt, von diesem oder jenem Aspekt zu sprechen, daß sie jedenfalls darüber nachdenkt. Da sie nicht schreibt, denkt sie, um etwas zu sagen, etwas loszuwerden. Es ist kein Programm, es ist ein Weg, um weiter zu leben. Ich spüre, daß es wichtig für sie ist. Wir müssen durchhalten. Ich muß durchhalten.

»Die Poesie, ja. Aber was ist das, Poesie? Und die Philosophie, was ist das? Momente der Poesie, reine Juwelen, ein Aufleuchten... wie Almosen zu sammeln... eine schüchterne Geste der Zärtlichkeit, etwas unerwartet Sanftes in einem Blick, eine Träne des Mitleids von jemand, der ebenso unglücklich ist wie man selbst, und wie wohl diese Träne tut, das helle Lachen eines noch unbeschädigten Mädchens, das schöne Frauengesicht einer Neuen, es noch sehen können, ein blühender Löwenzahn, sich noch bücken können und einen Augenblick die ganze Pracht des Gelb einsaugen, aus diesem Gelb Kraft für eine Stunde mehr beziehen, das Lied einer Slowakin, die ihre Freundin an einem Sonntagnachmittag entlaust, man vergißt die Szene, man schließt die Augen, die Stimme ist schön, sie hören zu können, sich von dieser Stimme einnehmen, einhüllen lassen wie von einem warmen Bad. Ist das Poesie? Um solche Macht und soviel Widerhall zu haben, muß es wohl welche sein... oder aber Poesie wäre die Fähigkeit zur Wahrnehmung dieser zahllosen Momente der Gnade, von denen man aber nur eine winzige Zahl erheischt... wie bei den Sternen... es wäre die Ausnahme von dem, was ich vorhin gesagt habe, die Ausnahme von der allgemeinen Unfähigkeit, zu entfliehen. Nein, der Faden der Poesie war in Oświęcim nicht abgeschnitten. Nicht für mich. Und seien es nur die

Wörter. Viele sagten Namen, lutschten Namen, manchmal Wörter. Es reicht schon, nein zu sagen oder ja, oder einen Namen, ein Wort, und sich fest daran zu klammern bis es auch eine Kette wird... die erwürgt oder die rettet... Ich kannte eine Französin, die sich das Wort *Sammet* wiederholte. Für mich ist das kein besonders hübsches Wort, aber für sie war es das Größte, weil es sie beruhigte, ihr das Schöne, das Warme, das Weiche, das Festliche, vielleicht den Prunk in Erinnerung rief, alles, was es in Oświęcim nicht gab. Sie hatte an einem Theater gearbeitet, ich glaube als Garderobiere. Nie war Samt so samtig gewesen wie da unten. Vielleicht hat dieses Wort sie gerettet... oder verrückt gemacht... Ist das Poesie... wenn ja, dann war sie auch da unten. Kurze und seltene Momente, die schade wären zu vergessen.«

Freitag, 31., Henri-Martin

Klara ist allein in der Rue Richer. Sie hat es selbst gewollt.

Als ich ihr sagte, morgen abend käme Fabienne, hat sie gesagt: »Nein, ich muß versuchen, allein zu sein, bevor ich abreise, und ich fange heute an.«

Morgen abend treffen wir uns bei Agathe. Adrien kommt mit den Kindern. Sie haben alle unter einer Dekke gesteckt, Alban, Agathe und Adrien. Sie hatten die freien Tage von Alban und Fabienne berücksichtigt. Adrien und die Kinder fahren Sonntag morgen wieder ab. Antoine bleibt nicht gern ohne Auto in Barbery.

Ich freue mich riesig auf diesen Abend. Wir schlafen dort. Adeline bereitet das ganze Essen vor, einschließlich Dessert. Es wird eine Überraschung! Agathe ist ganz aufgeregt bei der Aussicht auf dieses Essen. Sie ist einverstanden, Fabienne einzuladen.

Klara fährt Sonntag, den 9., ab. Nach London. In der folgenden Woche nimmt sie das Schiff. Das Datum habe ich vergessen. Ich behalte Daten gut. Hier, bei Klaras Einschiffung, habe ich es nicht behalten.

Wir wissen es schon seit einer Woche. Ich wollte nicht daran denken.

Um das Geschäftliche kümmert sie sich mit Léandre, den sie beim Notar oder im Café trifft. Sie wird den Verkaufsvertrag für ihre Wohnung separat unterzeichnen. Antoine tut seinerseits das gleiche. In New York wurde ein Bankkonto eröffnet. Auf kurze Sicht wird sie keine finanziellen Probleme haben. Alles hängt davon ab, welche Lebensweise sie annehmen möchte.

Ich schreibe all diese materiellen Dinge nüchtern auf, sie langweilen mich, weil meine Gedanken woanders sind und meine Qual eher darin besteht, mich an diesen Bruch zu wagen und zu glauben, daß er definitiv sein wird, wie sie uns mehrfach gesagt hat. Für mich ist das undenkbar, grausamer als ihr wirklicher Tod. Werde ich den Trick herausfinden, ihr Verschwinden mit meinem Wissen um ihren Nicht-Tod zu vereinbaren?

Alban hat mich daran erinnert, daß die Wohnung in der Rue Richer zur Hälfte Rainer gehört hat, jetzt also seiner Witwe Klara. (Sehr unpassend, Witwe, Witwe Roth, Wörter sind roh, schamlos, wahr und doch falsch. Witwe Roth sagt gar nichts.)

Heute nachmittag sprachen wir darüber. Klara war kategorisch. Sie will nichts von Rainer erben. Sie betrachtet sich als geschieden und nicht als Witwe. Sie hat es mir noch einmal gesagt. Sie erspart mir nichts.

»Die Konzessionen haben Grenzen. Ich nehme, was meine Mutter mir gegeben hat, nur um in Amerika etwas in Gang zu bringen, ein Fotolabor zum Beispiel, das brauche ich. Ich will ein Minimum an Unabhängigkeit für den Anfang, danach werde ich sehen. Ich werde nicht in New York bleiben, ich will es wärmer, also gehe ich weiter in den Süden, und warum nicht nach Mexiko… ich werde mir an Ort und Stelle etwas einfallen lassen.«

Gleich danach hat sie mir angekündigt, sie werde ihren Namen ändern.

»Einen englischen Vornamen wie Mary, so banal wie möglich, einen x-beliebigen Nachnamen, einen Allerweltsnamen aus Zahlen, etwas Unverdächtiges für immer.«

Wahrscheinlich, um mich zum Lachen zu bringen:

»*Twenty-two*, das ist nicht schlecht, *Twenty-two* oder *Double*, *Double*-Soundso...*Carbon Copy*... nein! es muß einfacher sein, ganz einfach, ich mache Spaß...«

Das ist neu. Was mich betrifft, so kann ich nicht darüber lachen. Ich erinnere mich. Rainer und ich sangen die Winterreise.

Was vermeid' ich denn die Wege,
wo die ander'n Wand'rer gehn?

Habe ja doch nichts begangen,
daß ich Menschen sollte scheu'n!

Welch ein törichtes Verlangen
treibt mich in die Wüstenei'n?

Danach zerstreute er unsere Melancholie, indem er Sarabanden improvisierte und im Rhythmus skandierte, »das ist besser als Putzi, besser als Putzi...«

Wenn Klara auf russisch bat, »Rainer, spiel' uns etwas Trauriges«, verlor er sich in den *Nocturnes* von Chopin, die er über alles liebte.

Weihnachten 41. Das letzte Mal an diesem Weihnachten 41. Rainer am Klavier, zum letzten Mal.

Es ist unmöglich, vor ihrer Abreise nicht über Victoire zu sprechen. Das macht mich krank.

Vor einigen Tagen, einer Woche vielleicht, ich weiß nicht mehr, erzählte Klara von den Sonntagen. Eine Szene:

Eine Gruppe Frauen um ein Stück Spiegel, das sie der Reihe nach herumwandern lassen. Plötzliches Gebrüll, eine der Frauen schmeißt mit Gewalt den Spiegel hin und schreit, »aber was hat er nur, dieser Spiegel?« Es gibt Lacher, manche grausam, manche verlegen.

»Wir waren viele, die den Spiegeln nicht geglaubt haben!« kommentierte Klara seelenruhig.

Samstag, 1. September 1945, Henri-Martin

Mittag: Eben habe ich Klara angerufen. Ihre Nacht war nicht gut, aber doch besser, als sie es sich vorgestellt hatte. Sie glaubt, sie sei in der Lage, weiterzumachen. Sie hat mich gefragt, ob es möglich wäre, daß wir uns in der kommenden Woche alle drei gemeinsam unterhalten. »Es bleibt nicht mehr viel Zeit.«

Ich habe gesagt: »Dann sprechen wir über Victoire.« Das war eine Bestätigung. »Ja gewiß«, hat sie sofort geantwortet.

Phuu! Das beruhigt mich.

Sonntag, 2. September

Bis zum frühen Nachmittag bei Agathe. Adrien und die Kinder sind nach Barbery zurückgefahren. Der Abend gestern war erhebend, belebend, wunderbar, lustig, komisch, liebevoll und sanft, alles auf einmal.

Irgendwann mußte ich weinen, es war einfach zu viel. Ich dachte, mein Herz würde zerspringen. Die Tränen haben geholfen, das alles abzukühlen. Ich habe mich geschämt, aber ich konnte nicht aufhören. Seit langem weine ich nicht mehr. Alban hat mich gehätschelt wie ein Kind. »Wir mußten zu lange stark sein, zu lange, dann kracht man zusammen«, sagte er.

Und hier waren es Tränen der Freude gemischt mit Traurigkeit, weil plötzlich Rainer mit im Raum war. Ich hatte ein Gesicht von Rainer. Es ist etwas verworren in meinem Kopf, weil ich glaube, daß ich anfing zu weinen, bevor Rainer erschien, dann wären es also die Tränen, die ihn gerufen haben.

Zum Glück lagen die Kinder schon im Bett, sie hätten es nicht verstanden.

Den beiden geht es prächtig, sie sehen blühend aus, Wangen wie reife Pfirsiche, der Rest des Körpers karamell. Agathe hat ihnen aus Stoffresten von alten Sachen Pluderhosen genäht. Sie sind vorne grau und hinten schwarz, mit roten Trägern und zwei knallroten runden Taschen auf dem Popo. Auch das macht rote Backen. Sie haben Purzelbaum gelernt und verdienen sich damit so manchen Klaps auf ihren Allerwertesten! Sie können *Bruder Jakob* singen und *Alle meine Entchen*. Mächtig stolz! Antoine setzt sie beide ans Klavier. »Wir machen Susik«, sagt Isidore mit ernster Stimme. Jedenfalls scheint die frische Luft zu beruhigen, denn um neun Uhr sind sie ohne einen Mucks ins Bett gegangen.

Pastete, Kaninchen nach Jägerart, Pflaumenkuchen. Adeline verwöhnt uns.

Noch eine Überraschung: Die Anwesenheit von Henry, den wir nicht kannten. Ein Freund von Adrien, aber etwas älter, aus der gleichen Resistancegruppe, wenn ich die Anspielungen richtig verstanden habe. Er ist sehr zurückhaltend, aber es ist mir nicht entgangen, daß er keine Schwierigkeiten hatte, verschiedene Gerätschaften in der Küche zu finden... Bisher hat Agathe nichts gesagt, wahrscheinlich wartet sie ab, gestern war ein erster Schritt. Vielleicht sieht man ihn wieder, diesen rätselhaften Henry-Samtpfote. Ich wünsche es Agathe von ganzem Herzen.

Ich habe vergessen, ihm fehlt eine Hand. Ein Einäugiger und ein Einhändiger am Tisch, dazu zwei Waisen, plus Agathe ohne Frédéric, plus ich ohne Rainer, plus Klara... Wir leben ohne, wir leben mit. Kein Krieg mehr, kein Krieg, nie wieder Krieg.

Adrien will es mit Politikwissenschaft versuchen. Adrien als Diplomat!

Der Krieg, ausschlaggebend für diesen Entschluß. Wir haben lange darüber geredet.

Fabienne konnte nicht kommen.

Montag nachmittag, 3. 9. 45, Henri-Martin

Klara wird mit einem der großen Koffer aus der Rue Lafayette abreisen.

Sie nimmt zwei Leicas mit, die Rolleiflex, die Ciné-Kodak und die Kodascope, die Super-Ikonta und die Kodak-Retina. Sie läßt uns eine Leica und den Projektor, einen Pathé-Baby.

Heute morgen: Klara spricht von den politischen und den rassischen Deportierten. Das R rasselt tief in ihrer Kehle.

»Sie werden nicht alle reden können, wie ich es hier mit euch konnte. (Ein Dankeschön? *hoffentlich ja.*) Sie werden die Beschäftigungen, die sie vorher hatten, schweigend wiederaufnehmen. Wenn sie es können. Peiniger war ein Beruf, Opfer ist keiner. Die Kriegsgefangenen, die Politischen werden es tun. Vor allem die Politischen.

Erst in Kraków habe ich erfahren, daß einige Verbindung zum polnischen Widerstand hatten... sie haben mir nicht vertraut... nicht für würdig befunden... auf dem letzten Posten, den ich innehatte, hätte ich etwas tun können, Informationen geben, was ich sah und hörte konnte nützlich sein, ich war gerissen genug und noch bei Kräften... wenn ich teilgenommen hätte, wäre ich gerechtfertigt gewesen... stattdessen... bis zum Äußersten der Dummheit, bis zum Äußersten der Erniedrigung. Die vier Gehenkten vom Januar hatten dem Widerstand geholfen...

Ich hatte nicht die Wahl, die Wahl zu haben... zu wissen... hätte ich die Wahl gehabt... ich meine, wie jeder beliebige Deutsche... wissen, um eine Antwort zu geben, sonst ist die Frage unmöglich zu beantworten... ist es die richtige Frage, aber es ist eine Frage... und eine, die Antwort verlangt. Ohne Antwort bleibt die Frage, es gibt sie und es gibt auch die Antwort, selbst wenn es dauert, die Antwort ist da, zwangsläufig... vielleicht muß man die Zwischenstufe einer hypothetischen Antwort durchmachen, bis man den Mut aufbringt für eine klare... eine wahre Antwort.

Es gab französische Politische, an die hundert ungefähr... ein regelrechter Block. Am Anfang wiederholten sie, wir sind französische Politische, wir sind französische Politische... das sollte heißen, wir sind nicht wegen unserer Rasse hier, sondern wir, wir haben einen Grund. Ein Adelstitel sozusagen, um sich von der Herde abzuheben. Genauso gut hätten sie den Kindern sagen können, wir sind französische Politische, wir sind französische Politische, keine Kinder, verstanden? Eine andere Kategorie oder gar andere Art. Ich habe versucht, Kontakt aufzunehmen... ich hatte das Gefühl, eine Bettlerin zu sein... ich, eine Deutsche und keine Kommunistin, ich hatte keine Chance. Die Besten hatten vielleicht Mitleid... ja, das habe ich gesehen... das Widerwärtigste, vor dem man die Flucht ergreift.«

Im Juni, im Lutétia, hatte ich im Abstand von zwei Tagen Gelegenheit, mit zweien eben dieser Frauen zu sprechen, die als französische Politische aus Auschwitz zurückkehrten, eine aus Paris, die andere aus der Provinz. Die eine war behutsam, die andere eher grob. Beide haben kaum einen Blick auf die Fotos von Klara geworfen. Ich wußte, daß es sinnlos war. Doch wie alle anderen war ich unbeholfen und verlangte zu viel von ihnen. Ich stellte Fragen, sie schüttelten den Kopf, machten sichtliche Anstrengungen, mir zuzuhören, aber antworteten nicht oder ausweichend.

Die Behutsame: »Ich will Ihnen keine falschen Hoffnungen machen. Es ist unwahrscheinlich, daß sie wiederkommt, vor allem wenn sie Jüdin ist. Bereiten Sie sich vor, Madame. Es tut mir leid, Ihnen das zu sagen…« Sanft, wie einen Trost, fügte sie hinzu, »vielleicht ist es besser so, wissen Sie…« Sonst nichts.

Die Grobe: »Eine Jüdin? von 42? da können Sie ein Kreuz machen.«

Genau da hörte sie auf. Wie die Behutsame hat sie nichts mehr gesagt.

Ich sagte zu Klara: »Aber sie haben auch gelitten, teuer bezahlt, glaube ich. Nur wenige sind zurückgekommen.«

Sie: »Ja, aber sie wußten, warum, und haben es uns wissen lassen… zu sehr.«

Ich erinnere mich an all diese Leute, die im Lutétia ankamen. Es widerstrebte mir, die Fotos zu zeigen, ich wußte, daß es sinnlos war. Für die in jüngster Zeit Deportierten, für die Kriegsgefangenen konnten sie nützlich sein, aber für die anderen, nein, sie waren alle unkenntlich, das wurde einem recht schnell klar. All diese Leute beeindruckten mich, es fiel mir nicht leicht, sie anzusprechen, ich merkte, daß jede Frage sie belastete oder sie verletzte. Es war unmöglich, sie als gewöhnliche Kranke zu betrachten. Manche der Freiwilligen hatten ein übermächtiges Wohlwollen, einige waren schier unerträglich vor »Barmherzigkeit«. Die beiden Frauen aus Auschwitz kamen von Ravensbrück via Oslo zurück. Sie schienen verloren, so schwach, am Rand von irgendetwas, Ohnmacht, Nervenzusammenbruch, Weinkrampf, physisches Versagen, alles war möglich. Mehrmals habe ich sie um Entschuldigung gebeten. Ich wußte nicht mehr, was ich tun oder sagen sollte, um sie vor meinen Fragen zu schützen.

Alban hat diese Verlegenheit auch gespürt, aber er konnte sich hinter der medizinischen Funktion verschanzen, die etwas besser akzeptiert wurde. Nicht immer.

Im Lutétia litt ich unter den Ungeschicklichkeiten, den Verständnislosigkeiten, den Schnitzern, den von allen Seiten begangenen Fehlern. Ich war nicht die einzige, die diese Beklemmung empfand. Ich meldete mich seltener zum Bereitschaftsdienst, dann hörte ich auf.

Angesichts der administrativen Fragen gab es Aufbrausende, Meckerer und Resignierte. Die letzten nagelten mich auf der Stelle fest. Ich versuchte, so einfühlsam wie möglich zu sein, aber ich konnte die Natur der Fragen nicht ändern, und diese Fragen brüskierten. Viele hatten keine genaue Erinnerung mehr an Daten, Orte, den Ablauf der Ereignisse, sie brachten alles durcheinander oder wußten gar nichts mehr. Die einen machten pathetische Anstrengungen oder verschlossen sich in manchmal trotzigem, manchmal apathischem Verstummen, die anderen griffen an oder schienen verängstigt. Für alle waren die Fragebögen schwer auszuhalten. Man sah, daß sie nichts anderes herbeisehnten als Schlaf, Ruhe, Pflege, Stille und, wenn möglich, Zärtlichkeit.

Weit entfernt natürlich von Klaras Dünkel nach fünfmonatiger Wanderschaft. Das Unbehagen mit ihr ist von ganz anderer Art. Ihre Unverfrorenheit, ihre Arroganz bewahren sie vor jeder Bemitleidung, es ist härter. Zugegeben, mir ist es lieber so.

Dienstag, den 4., Rue Richer, Abend

Der Count-down, nur noch vier Tage. Eine Art Angst.

Klara wirkt beschwingt, als machte die bevorstehende Abreise ihr Flügel.

Zum ersten Mal hat sie mir Fragen gestellt.

»Wie habt ihr den Krieg erlebt, nachdem ich weg war?«

Habe nichts gesagt von der Wohnung hier, Zuflucht, Briefkasten, Aufbewahrungsort für kompromittierende Papiere, eine sichtbar geschlossene aber selten leere Wohnung, nichts gesagt von Rainers letztem Besuch, von seinem Schweigen, seiner Verzweiflung, seinem Entschluß zu kämpfen, nichts gesagt von Alban im Krankenhaus und den Tarnungen angeblich Kranker, nichts von unseren früheren Aktivitäten, die wir nie vor ihr erwähnt hatten. Nach Juli 42 war ich sehr viel vorsichtiger, ich hatte Angst wegen Victoire. Ich wollte nicht, daß sie allein bliebe. Wozu das alles sagen?

Ich sprach nur von den Festnahmen, die uns bekannt geworden sind, den erschossenen Geiseln, den Bombardements im letzten Jahr vor der Befreiung von Paris, den Restriktionen, die es schon vor 42 gab, und die dann schlimmer wurden, von der Rolle der Widerstandstruppen, von den Demonstrationen im Juli 44 und den anschließenden Streiks, von der französischen Fahne auf dem Eiffelturm, der 2. Panzerdivision am 25. August, der

Befreiung des Majestic am Nachmittag, von den Barrikaden, den Amerikanern am 28., dem Brand im Grand Palais, dem Abzug der Deutschen, den Verletzten, den Toten, Alban zufolge über tausend, sehr viel mehr, wie es scheint, auf deutscher Seite. Ich sprach von meiner Angst, trotz vorschriftsmäßiger Papiere festgenommen zu werden, vom Zittern vor der Concierge, einer Schnüfflerin, einer, die Juden denunzierte, man weiß es. Alban paßte sehr auf, sie korrekt für alle Dienste zu entlohnen. Die geringste Ungewöhnlichkeit konnte sie argwöhnisch machen und uns in Gefahr bringen. Trotz meines Abscheus gelang es mir, liebenswürdig mit ihr umzugehen. Eine quälende Feigkeit, um uns alle zu schützen.

Für unser Treffen zu dritt haben wir Donnerstag abend ausgemacht.

Klara möchte, daß es hier stattfindet. Sie will uns das Abendessen zubereiten...!

Samstag werde ich den ganzen Tag mit ihr verbringen. Freitag sieht sie Fabienne. Sonntag ist es zu Ende.

Freitag, 7. September

Ich bin mit bangen Gefühlen zu diesem Essen gekommen, entschlossen, daß alles in Ruhe gesagt werden sollte. Es ist so wenig schlimm verlaufen wie nur möglich. Die Erregung, die Spannungen waren unvermeidlich, aber wir haben ein Übereinkommen geschlossen.

Gebe Gott, daß es nicht schlecht ist.

Alban und ich hatten einen Plan gemacht. Auf keinen Fall zogen wir in Betracht, Victoire die Existenz ihrer leiblichen Eltern zu verheimlichen. Was Rainer betrifft, ist es einfach, bleibt der Fall Klara. Ihre Entscheidung respektierend schlugen wir vor, entweder von ihrem Verschwinden zu sprechen, ohne ihr Wiederauftauchen auszuschließen, oder aber ihre vorübergehende oder endgültige Unfähigkeit zu erklären, sich um sie zu kümmern. Erklärungen, sagten wir, die je nach Victoires etwaigen Fragen gegeben werden sollten. Auf diesen wahren Grundlagen könnten wir die Umstände im Lauf der Zeit genauer beschreiben, ihr Wissen erweitern. Wir legten nahe, daß sie ihre Entscheidung in einigen Jahren revidieren könnte. Es könnte sein, daß sie wieder Kontakt zu uns, zu ihrer Tochter aufnehmen wolle, und daß dies im geeigneten Moment wohl ohne allzu großen Schaden möglich wäre. Dieser Plan schien uns machbar, das Unverfänglichste für sie, für Victoire und für uns.

Wir wechseln uns ab, Alban und ich, um ihr unsere Sicht der Dinge möglichst einleuchtend zu machen.

Sie hört uns zu, ohne uns zu unterbrechen. Am Ende unserer Darlegungen kommt ein langes Schweigen. Es ist nicht peinlich.

»Ihr vergeßt, daß ich in Brzezinka gestorben bin.

Ihr vergeßt, daß ich nie nach Europa zurückkehren werde.

Ihr vergeßt, daß ich meinen Namen ändern werde. Ich werde verschwinden. Klara Schwarz-Adler wird verschwinden.

Es ist einfach, diesem Kind zu sagen, dein Vater ist als Held gestorben und deine Mutter in Polen. Das ist die Wahrheit.

Ich kann euch erklären, wie es für dieses kleine Mädchen wäre, wenn ich sie wieder zu mir nähme. Ich kann das Musterbeispiel mit euch durchspielen. Mir vorstellen, daß ich hierher gekommen wäre, um dieses Kind von euch zurückzufordern. Ihr hättet mir die Berechtigung nicht absprechen können, obwohl sie auf eure Namen gemeldet ist. Ohne euer Einverständnis und vermutlich lange Prozeduren könnte ich sie nicht mit auf die Reise nehmen. Angenommen, ich täte es, ich wollte das Kind rauben, denn das wäre es, ein Raub, um jeden Preis das Kind haben zu wollen, das ich vor nunmehr drei Jahren zur Welt gebracht habe, das ich nicht gemeldet habe, das ich nicht einmal mit meiner Milch gesäugt habe... zwei einander Unbekannte führen nach Amerika, weit weg von euch. Ich würde den gleichen totalen Bruch verlangen, mit Europa... mit euch. Stellt euch das Kind vor, das Kind, wie ihr es heute kennt. Stellt euch vor, was sie in sechs Monaten wäre. Sie spräche nicht mehr Französisch, noch kein Englisch, sie könnte nicht mehr lachen, vielleicht würde sie noch weinen, sie hätte kurz geschnittenes Haar… Sie hat vom Krieg nichts mitbekommen, sie würde den Krieg mit einer Kranken kennenlernen. Versteht mich recht. Ich bin vermint. Jeden Augenblick kann eine Bombe explodieren. Sie wieder zu mir nehmen, das würde bedeuten, sie auf ein Minenfeld zu stoßen. Es braucht Zeit, um alles zu entschärfen, darüber vergeht die Kindheit eines kleinen Mädchens, eine ganze Kindheit mit dieser dauernden Gefahr. Der Gefahr, die ich darstelle, der Gefahr von Oświęcim.

Innerlich bin ich nur Tod, ich schmecke nach Tod, ich stinke nach Tod, für lange noch, vielleicht für immer. Kinder wittern das. Ich will nicht, daß sie diesen Geruch in die Nase bekommt, den sie nie gerochen hat. Wir hatten eine glückliche Kindheit. Warum nicht sie? Mit mir würde sie Brzezinka nicht entkommen. Sie ist verschont geblieben, warum ihr die Nachwehen davon zumuten?«

Alban: »Es ging nie darum, dich mit Victoire allein zu lassen. Man hätte einen Kompromiß finden können, aber das setzte voraus, daß du hier bliebest… Lika und ich…«

Klara: »Ihr seid ihre Eltern, ich weiß es. Ich fühle es. Ob ihr mir glaubt oder nicht, ich kann euch sagen, daß es mich ein bißchen glücklich, ein bißchen ruhig macht, von Anfang an. Ich weiß nicht genau, warum ich eigentlich hierher zurückgekommen bin, aber diese Sache rechtfertigt meinen Umweg. Versteht. Ich verstoße meine Tochter nicht. Ich verstoße mich selbst aus ihrem Eigenleben, für ihr eigenes Leben. Ich habe ihr nichts zu geben außer meinen Schmerz und meinen Wahnsinn, meine Krankheit, genau das ist es, ich bin krank und ohne Aussicht auf baldige Genesung… ein verirrter (*sic!*) Gedanke könnte heimliche Hoffnungen wecken, das Kind würde mich gesund machen… ein Kind mit der Zeit seiner Kindheit ist dafür nicht geschaffen. Es hat anderes zu leben.«

Ich: »Wir haben nie daran gedacht, Klara. Alles, was du sagst, ist klar und wird von uns seit deiner Rückkehr auch genau verstanden. Trotzdem erklärt das nicht, warum wir Victoire sagen sollten, du seist tot, wo wir doch wissen, was wir wissen…«

Klara: »Weil wir von Anfang an nur von einer einzigen Sache sprechen. Wir sprechen vom Verlassen. Ich weiß, daß ihr nicht falsch versteht. Von Anfang an haben wir nur davon gesprochen, vom Verlassen… wer wen verläßt. Im angenommenen Fall, den ich entwickelt habe, seid ihr die Verlassenden, sie würde von euch verlassen, in meinem Fall bin ich es, die verläßt, sie wird von mir verlassen… sofern ich lebe. Wenn ich tot bin, erfährt sie keine Verlassenheit. Das ist es, was ich will.«

Alban: »Es gibt Dinge, die ein Kind versteht. Wie Lika gesagt hat, eine behutsame Erklärung, mit der Zeit…«

Klara: »Nein. Ihr wißt nicht, was das ist, Verlassenheit. Ein Kind stirbt, wenn es verlassen wird. Ich weiß es. Ich weiß es. Ich weiß es zu genau. Glaubt mir, ich weiß es. Ich bitte euch, glaubt mir…«

»Ich bitte euch« macht uns stumm und plötzlich hellwach, treibt uns auf die äußerste Spitze der Aufmerksamkeit. Ein befremdlich klingendes, fast beunruhigendes, Respekt erzwingendes »Ich bitte euch«. Wir beide in Bereitschaft. Jetzt wissend, wie ernst es ist. Im voraus auf unseren Standpunkt verzichtend, in die Schranken gewiesen durch das Auftauchen einer Kraft, eines Wissens, das über unseres hinausgeht, eines bis dahin verborgenen

Schmerzes, den sie uns enthüllen wird. Der lange Umgang mit Klara läßt es uns ahnen.

Alban (kaum hörbar): »Sag, was du sagen mußt, Klara, sag es jetzt.«
Klara: »Ja.«

Schweigen. Langes Schweigen.
Sie preßt den Rücken an die Stuhllehne, legt die Arme bis zum Ellenbogen auf den Tisch und streckt die Hände flach aus. Ich bin sicher, gemeinsam rühren wir sehr Tiefes an.
Während der ganzen Zeit, in der Klara spricht, schließt sie die Augen, sie öffnet die Augen, sie ist da unten, als wäre sie da unten, sie sieht die Wand an oder Alban oder mich, sie ist schön, schön, Klara, endlich schön. Mit einer immer noch rauhen, aber harmonischen Stimme.
Bewegt versuche ich, mir die Geschichte des kleinen Uli genau und in allen Einzelheiten in Erinnerung zu rufen.

»Da unten habe ich ein Kind gehabt, einen kleinen Jungen. Ich meine… er war eines Tages da, in unserer Baracke. Niemand weiß wie, niemand hat es erfahren. Es war Ende November letzten Jahres. Es wurde nicht mehr vergast.
Ein kleiner Junge, der geliebt worden war. Er war nicht einmal mager, nicht verdreckt, auch nicht in Lumpen. Jemand sehr Fürsorgliches hatte über seine Ernährung gewacht. Vielleicht auch über sein Lachen. Von der Ernährung waren Spuren geblieben. Vom Lachen nicht.

Er war ernst. Nie hat er gelacht. Auch nicht geweint. Aber sein Gesicht war offen, seine Augen waren nicht verloren, nicht tot, nicht verängstigt, nicht mißtrauisch, nicht stumpf. Seine Augen waren aufmerksam. Er hat nie gesprochen, aber er war darum nicht stumm, nicht physisch stumm. Einmal, ein einziges Mal hat er nein zu einer Frau gesagt, er hat nein auf deutsch gesagt. Er war auch nicht taub. Wenn ich ihm Lieder sang, auf deutsch oder auf russisch, trommelte er mit den Fingern den Takt in meine Handfläche oder auf den Oberschenkel. Denn er war meiner. Ich war die erste, die ihn mit Namen genannt hat, da haben die anderen verzichtet, sie haben gesagt, es ist deiner... aber er hatte mich auch ausgesucht, er zuerst. Ich hielt ihm die Hand, er ließ sie liegen, bei den anderen zog er sie weg... nicht hastig, ohne Gewalt, aber entschieden wie alles, was er tat. Alle gaben mir, um ihm zu essen zu geben, von mir nahm er es. Alle haben akzeptiert... jedenfalls haben alle geholfen, ihn zu verstecken, aufzupassen, vor Gefahr zu warnen, alle unter einer Decke, einschließlich Blockova, ja, das hat es gegeben an diesem Ort da unten, in der Hölle von Brzezinka, ein Kind konnte leben, weiterleben... mit Frauen... mit mir... er schlief an mich gedrängt... tagsüber stahl ich mich davon, um ihn zu sehen, mit ihm zu sprechen, ihm Geschichten zu erzählen, aber vor allem viel mit ihm zu sprechen... ich sprach vom Ende des Krieges, sagte ihm, daß wir bald frei sein würden, weggehen würden, daß alles schöner würde und ich ihn nicht allein ließe, daß wir vielleicht seine Mama wiederfänden, daß er dann vielleicht spräche, daß ich sein Schweigen verstand und nicht von ihm verlangte, daß er spricht, ich sprach ihn so viel wie möglich mit dem Namen an, den ich ihm gegeben hatte...«

Ich: »Klara, bitte, welchen Namen hast du ihm gegeben?«

Klara (ohne Zögern): »Ich habe ihn Uli genannt. Uli ist der Name, den ich ihm gegeben habe... ich sprach von seiner Mama, auch von seinem Papa, aber vor allem von der Mama, daß man sie vielleicht wiederfinden würde und er dann mit ihr zusammen weggehen könnte, wenn der Krieg zu Ende sei, ich sagte ihm, seine Mama habe es nicht anders machen können, sie sei bestimmt lieb, aber vielleicht sei sie krank und vielleicht sei sie tot, daß er eines Tages darüber reden werde, aber wann er wolle. Wenn ich von seiner Mutter sprach, drückte er sehr kräftig meine Hand, er hatte große Hände, noch rundlich, wenn ich seine Mutter erwähnte, preßte er die Finger in meine Hand... das war alles... ich sagte du wirst sehen Uli, du wirst sehen, wir beide werden deine Mama suchen, ich verspreche es dir, das werden wir machen, alle beide, wenn die anderen Soldaten kommen, die netten, sie werden bald kommen, wir werden lauter Fragen stellen, und vielleicht wirst auch du Fragen stellen, und wenn wir sie nicht finden, gehen wir in eine Familie etwas weit weg von hier, versprochen, mit anderen Kindern, die kleiner sind als du, die den Krieg nicht erlebt haben wie du, du wirst der Größte sein, du wirst groß sein und alle werden dich mögen, sagte ich ihm... ich sagte ihm... so vieles, was man einem untröstlichen kleinen Jungen sagt.

Ich sprach Deutsch mit ihm. Am Anfang haben wir sämtliche Sprachen der Baracke probiert, aber was er verstand, war Deutsch. Vielleicht war er Tscheche oder Deutscher... Ich sprach mit ihm, ich sprach... ich sprach, damit er mir glaubte, damit er ebenso stark glaubte wie ich glaubte, ich glaubte so sehr, so sehr, im November fingen wir an zu glauben, und Uli half mir, noch stärker zu glauben, darum sprach ich so viel, damit er mir glaubte, wahrscheinlich darum, das habe ich nachher gedacht, damit er mir glaubte, das machte es so dringend, daß er all diese Dinge glaubte, die ich ihm sagte... Dinge, die möglich, vernünftig, in unserer Reichweite waren, glaubhafte Dinge für ein kleines Kind... schöne Dinge auch, ich fand alles, sogar das, schöne Dinge zu sagen... ja.«

Klara schweigt lange.

Alban hält den Kopf in den Händen.

Meine Kehle ist zugeschnürt. Natürlich kennen wir das Ende.

Aber es muß gesagt werden.

Klara rührt sich nicht. Ihr Gesicht ist schön, ihre Züge sind weicher.

Sie ist ruhig. Wir stehen auf, um Wasser zu trinken.

Schweigend.

Wir bewegen uns vorsichtig, fast feierlich, Alban und ich.

Klara folgt uns mit den Augen. Sie wartet.

Wir wissen, wie es ausgeht. Wir sind im voraus eingeweiht.

»Eines Abends kam ich in den BLOCK zurück. Es gibt besondere Arten des Schweigens, ein Schweigen, das schreit. Die Summe ihres Schweigens an jenem Abend, vereint mit ihrem Abstand von mir hat mir in wenigen Sekunden alles mitgeteilt. Uli ausgestreckt auf meinem Strohsack. Tot. Mit offenen Augen. Tot... Ganz nahe bei ihm habe ich gesagt, du hattest recht Uli. Es war niemand da, um mir zu widersprechen... da, stehend, meine Augen wie Wasserhähne, ohne irgendeinen Schluchzer, mit offenen Augen vor Uli mit ebenfalls offenen Augen. Für Uli kein Weinen, nur laufende Tränen, Wasser, das letzte Wasser. Nach dem Tod meiner letzten Freundin wußte ich nicht einmal, daß noch etwas übrig war. Jetzt sind meine Drüsen ganz trokkene schrumpelige kleine Weinbeeren.

Oświęcim, das ist zu wissen, wann, wo und warum man das letzte Mal gelacht hat, wann, wo und warum man das letzte Mal geweint hat, wissen, daß diese beiden Funktionen zerstört sind, bei anderen Gelegenheiten feststellen, daß es nicht mehr möglich ist, weder das Lachen noch die Tränen, und sich an die Umstände des letzten Mals erinnern. Das war's. Dinge wie die läßt man in Oświęcim. Das ist Oświęcim...

Oświęcim voller Schlamm ist öde, ein Ort, der alles verödet hat. Keine Gaskammer für Uli, aber verbrannt, ja, wie die anderen, und meine letzten Tränen.

Es war am 20. Dezember vorigen Jahres. Fünf Wochen später waren die Russen da.

Die Toten haben ihre Gründe.

Uli konnte leben. Es fehlte ihm an nichts während der drei Wochen bei uns. Ohne Krankheit, ohne Mangel ist er gestorben. Er hatte beschlossen zu sterben. Bei einem so kleinen Kind hat es ein Nein gegeben. Er hat uns nicht geglaubt, uns allen, er hat mir nicht geglaubt, auch mir nicht. Ein Zweifel für die Ewigkeit... der übrigens kein Zweifel mehr war, vielmehr der totale Unglaube, Unglaube gegenüber einer Welt, die Mütter wegnimmt und das Unglück riesengroß macht. Es war ihm lieber, das nicht zu leben.

Auch wenn die Geschichte so ist, wie ich sie euch erzähle, hätte ich noch vierzehn Tage oder einen Monat gebraucht, um auf Ulis Tod hin in den Stacheldraht zu laufen. Er hatte es eilig, glaube ich. Er hat nicht auf mich gewartet, daß ich ihm eine mögliche Mutter würde, ich konnte ihn nicht überzeugen. Sicher bedarf es einer außergewöhnlichen Liebeskraft. Ich war arm. Ich habe gegeben und gegeben, danach habe ich gekratzt, die restlichen Krümel zusammengekratzt, aber es muß wohl so sein, daß ich nicht viel hatte, jedenfalls nicht genug, um einen kleinen Jungen zu halten, und jetzt habe ich nichts mehr.

Meine letzten Körnchen Liebe waren für den so würdigen kleinen Uli, der mit der schönsten aller Einsichten gestorben ist, das heißt in der Weigerung, jenseits der annehmbaren Grenzen zu leben. Alle, die zurückgekehrt sind, waren weit jenseits dieser Grenzen. Das ist nicht glorreich.«

Ich: »Man kann auch das Gegenteil denken.«

Klara: »Ich habe mich nicht gegen den Stacheldraht geworfen. Er hatte recht, mir nicht zu glauben…

Vielleicht ist Uli gegangen, damit die Fragen blieben. Es sei denn, sein Tod wäre eine Antwort, die wir nicht gewagt haben zu hören. Sterbt, so sterbt doch. Vielleicht hat er das gesagt, aber ihr könnt euch ja vorstellen, das will niemand hören, vor allem nicht an einem solchen Ort!

Darum müßte man sämtliche Peiniger töten, damit diese Erinnerung nicht überlebt, damit in keinem Gehirn ein modernder Rest davon hängenbleibt. Man müßte sie töten, damit eine Menschheit, die der Menschheit so gespottet hat, nicht einfach normal weiterlebt. Das Schlimmste für die Menschlichkeit ist, daß Menschen leben, die sich außerhalb der Menschlichkeit gestellt haben. Ich, ja, ich würde sie töten. Nicht aus Rache, nein. Nur für die Hygiene dieser Welt. Aber auch die Erinnerung an jene Schande, die uns um des Überlebens willen zu Komplizen machte, jene Schande, die uns die Seele selbst beschmutzt, verseucht und tätowiert hat, auch sie müßte man ausrotten, um die Spuren zu vertilgen, und folglich auch uns töten, die Opfer töten. Aber ich weiß... auch die Nazis haben für die Hygiene massakriert... also tun wir nichts, aber die Welt wird schwerer.«

Es ist ein langer Monolog. Klara rührt sich nicht, ihre Hände immer noch flach. Sie raucht nicht, trinkt nicht. Sie erzählt vom kleinen Uli, sie braucht nichts. Auch wir reglos, unsere Augen auf Klara.

»Uli hat mehr als Nein gesagt, einen Superlativ von Nein. Ein nicht existierendes Wort. Ein totales Nein, eines, das kein Ja zu etwas anderem ist. Vielleicht existiert dieses Wort in keiner Sprache, weil diejenigen, die eben dieses sagen, es nicht formulieren, sich nicht die Mühe machen, nicht auf Erden ausharren, um dieses einzige Wort zu schmieden, das ihnen allen gemeinsam ist, das Wort aller Toten, die an diesem mehr als Nein oder diesem anders als Nein gestorben sind. Nur sie könnten es erfinden, aber das interessiert sie nicht, sie sind einfach in diesem Wort das nicht existiert und das wir nicht an ihrer Stelle erklären können... sonst... es bleibt das Bedauern, die Scham, keiner von ihnen zu sein.«

Langes Schweigen.

»Vielleicht bringt ein Kind sich nicht um. Es hält sein Herz an, das ist alles. Es hat diese Macht.

Die Ärztin aus Warszawa hat mir gesagt, Uli müsse herzkrank gewesen sein. Ein medizinisches Urteil! Ich habe ja gesagt, er hatte eine Herzkrankheit. Ich kenne die Symptome. Ein Kind, das drei Wochen lang nicht lacht, nicht weint, nicht spricht, ist sicher krank am Herzen. Diese Frau war liebenswert und empfindsam, sie hat mir geantwortet, ich stelle eine ärztliche Diagnose, aber ich weiß, was du denkst, wahrscheinlich hast du recht.

Wie Uli recht hatte.

Und um hier außer euch niemanden wiederzusehen, hatte ich auch recht, ich hatte meine Gründe. Wie die Toten.

Wäre ich mit Uli zurückgekommen, hätte ich zwei Kinder erzogen. Mit eurer Hilfe glaube ich, bin ich sicher, hätte ich's getan. Aber Europa ist auch der Ort meiner Niederlage, der Ort meiner Verödung. Meine Geschichte in der größeren. Im Inneren der großen Verwüstung habe ich auch meine eigene.

Ich will nicht mehr an diesem seltsamen Leiden leiden, das in dem Leiden besteht, die anderen leiden zu sehen.«

Schweigen.

»Jetzt bin ich von diesem Kind verwaist.«

Ich: »Nur von ihm?«

Schweigen.

»Nicht nur... sondern auch von jeder anderen Mutterschaft.«

Wir haben noch viel diskutiert. Ohne vollständig überzeugt zu sein – vor allem Alban –, ihren Gründen uns beugend, gaben wir auf.

Wenn es so weit ist, werden wir Victoire sagen, daß ihre Mutter tot ist, gestorben in Auschwitz, Oberschlesien, Polen.

Es ist sechs Uhr, ich habe den ganzen Tag geschrieben. Gleich gehe ich mit Alban ins Restaurant! Morgen verbringe ich den Tag mit Klara. Sonntag, 15 Uhr, begleiten wir sie zum Bahnhof. Heute ist sie mit Fabienne zusammen.

Dienstag, 11. September 1945

Klara ist abgereist. Klara, Klara. So ist es.

Mutige Klara. Ich bin in Trauer. Trauer, ja und nein.

Auf dem Bahnsteig hat sie mich sehr fest an sich gedrückt.

Ihre letzte Geste, mein Gesicht abwischen. Eine sanfte Geste. Wie früher.

»Alles war gut, alles wird gut gehen.«

Sie ist noch vor dem Signal in den Zug gestiegen.

Wir sind sofort gegangen.

Seither weine ich. Eine so große Leere.

Ihre guten Worte in den letzten Tagen:

»Wir haben alle drei eine große Überfahrt gemacht.«

»Meine Leichen bleiben ganz (?) und zahlreich, aber dank eurer sind sie weniger schwer. Ich richte mich wieder auf.«

»Nur wenige Menschen sind in der Lage, alles zu hören, was ich gesagt habe.«

»Ich habe euch nicht geschont. Ihr habt mich eure Müdigkeit nicht spüren lassen.«

»Ihr seid mutig. Ihr seid edel.«

»Ruht euch jetzt aus.«

»Dieser Monat mit euch ist ein großes Geschenk.«

Was sie mir als Kompliment erklärt:

»Du, du wärst in den Stacheldraht gelaufen.«

Wie eine Empfehlung im Gespräch über Victoire:
»Dieses Kind soll lachen!«
und später:
»Eure Kinder sollen lachen!«

So hat sie ihre Bilanz mit diesen kleinen Bruchstücken gespickt. Ein untergemogeltes Danke.

Es ist Wahnsinn. Bis zum letzten Moment habe ich auf Umkehr gehofft. Ihr Weicherwerden hat mich an eine solche Möglichkeit glauben lassen. Trotz dem was ich weiß, trotz der Vertraulichkeit am Samstag habe ich mit aller Kraft eine gegenteilige Entscheidung in letzter Minute herbeigesehnt. Als ahnte sie meinen absurden Wunsch, hat sie mich auf dem Umweg ihrer Sätze mit »ich bereue nichts« und anderen Angleichungen ständig wieder in die Mitte gerückt.

Ihr großer Koffer war aufgegeben. Sie ist mit der hübschen kleinen Reisetasche von Margarethe abgefahren. Ich habe das rote Köfferchen aufgelöst im Mülleimer gefunden. Keine Spur von dem Mantelhund aus Krakau.

Donnerstag, 13. September 1945, Henri-Martin

Zu Samstag.

Klara erzählt mir vom *Reich*, durchsetzt mit Lagern wie ein Käse voller Löcher, die künftigen Gedächtnislöcher Deutschlands, sagt sie.

Sie erzählt mir noch einmal von Berlin, seinen Trümmern, seinen Rauchschwaden, seinen stumpfen Schatten, seinen Panzern, seinen umgekippten Autos wie auf dem Rücken liegende und nicht abgeholte Schildkröten, seinen gen Himmel ragenden Fahrstuhlschächten ohne etwas drum herum, und man denkt, sagt sie, es wären Särge für Himmelfahrten anderer Art gewesen, seinen Kellern, seinen Ratten, Berlin mit seiner ganzen Herrlichkeit am Boden, Berlin ein Puzzlespiel. Klara kann sich schlecht orientieren, wechselt von einer Zone zur anderen, mit Geschick und der fixen Idee, das Haus ihrer Mutter wiederzufinden. Eine Woche, bis sie es endlich entdeckt, unversehrt. Ein ganzer Straßenabschnitt ist verschont geblieben, sie traut ihren Augen nicht.

Ich rekonstruiere.

Sie habe geklopft oder geklingelt. Carillon… vielleicht. Sie hätten geöffnet. Sie habe gesagt, ich bin Klara Schwarz-Adler. Weil sie nicht verlegen sein wollen, geben sie sich erstaunt. Ah! Du bist es, wir hätten dich nicht wiedererkannt. Später, im Flur, sind sie nervös, zumal sie es nicht zeigen wollen. Die Vorstellung, Klaras Augen bohrend in ihrem Rücken. Im Eßzimmer lassen sie sich vor dem Ende einer Mahlzeit nieder. Sie bleibt stehen. So sagt sie. Sie stehend, die anderen sitzend. Dermaßen verlegen, daß sie sie nicht einladen. Oder vielleicht doch. Sie sagt es nicht. Klara also aufrecht am Ende des Tisches. Die anderen sitzend. Gut angelehnt? Nicht gut angelehnt auf ihren Stühlen? Sie sagt es nicht. Tisch und Stühle im Biedermeierstil. Tisch und Stühle, das Biedermeier meiner Großmutter, gluckst sie.

Die Vorstellung, welche Anstrengungen sie machen, um normal zu wirken. Ende der Mahlzeit. Bescheiden, nicht bescheiden, man erfährt es nicht. Dieses Detail bleibt unbekannt. Sofort das Gespräch. Fieberhaft von der einen Seite, präzise, trocken von der anderen. Sich vorstellen. Klara, wie wir sie jetzt kennen, genau so, wenn nicht noch härter in diesem Monat Juni in Berlin. Sie hat präzisiert, im Juni war es schön.

Drei Wochen in Berlin, vorher Dresden, Linz, Prag, Krakau. Berlin durfte nicht fehlen, Berlin, Station Begräbnis. Berlin und seine acht Fotos.

Unter anderem.

Er oder sie: »Wir hätten dich nicht wiedererkannt... du hast dich verändert... du warst hübsch damals, 38, jeder von uns hat sein Unglück gehabt, weißt du...

Als du weggegangen bist 38, mit einem Juden glaube ich, hat deine Mutter sich gegrämt, das ist sicher. Im September 41, also, ja im September, sie hätte das Abzeichen tragen müssen, aber gut, dein Vater hat sie wohl geschützt, oder, so genau weiß man das nicht, kurz, eines

Tages hat man sie nicht mehr gesehen, einen Tag, zwei Tage, kein Geräusch hier, die Tür mußte aufgebrochen werden, zusammen mit der Polizei. Du weißt ja, sie hat sich getötet, eine Kugel, da hinten im anderen Wohnzimmer, dem kleinen, du weißt schon, dem modernen… kein Gift, nicht aufzutreiben, was, also eine Kugel…«

Klara: »Nein, das ist nicht wahr.«

Sie oder er: »Du kannst jederzeit nachfragen. Wenn die Archive noch existieren, es wurde alles festgehalten. Wir haben versucht, das Beste für sie zu tun, und glaub mir, das war riskant für uns zu dieser Zeit, Wolfgang und Gottlieb bei der Wehrmacht, Markus auch, Gertrud verlobt und Gisela, du erinnerst dich doch an Gisela, du hast ziemlich oft mit ihr gespielt, und jetzt vier Kinder, siehst du, darum war es riskant, äußerst riskant, du weißt ja selbst, in diesen Zeiten war alles riskant mit den Juden.«

Klara: »Nein, mit den Nazis.«

Die beiden: »Ja, wenn du willst, aber doch wegen der Juden, sonst hätte es keine Probleme gegeben. Aber egal, jedenfalls haben wir das Beste für sie getan, was wir konnten. Man muß die Umstände berücksichtigen, Klara, auch wir haben etwas durchgemacht, und nicht zu knapp. Du hältst an deinem Standpunkt fest. Aber glaub' nur nicht, wir hätten hier ein leichtes Leben gehabt. Wir haben einen Neffen an der Ostfront verloren, einen kleinen Vetter, einen Onkel und eine Tante im Bombenhagel auf Dresden, eine echte Barbarei, diese Bombardements, grausam, das kannst du dir nicht vorstellen, und dann sind auch noch unsere beiden Väter gestorben…«

Klara: »In ihrem Bett.«

Die beiden: »Ja, aber trotzdem gestorben, Klara, der Tod ist für jeden der Tod.«

Klara: »Und ihr seid Waisenkinder.«
Die beiden: »Nimm' es nicht so, Klara... Sieh' doch, Klara, irgendwie schon, irgendwie ist es immer hart, seinen Vater zu verlieren, und ganz gleich in welchem Alter, du mußt es doch selber wissen, nicht wahr?«
Klara: »Ich weiß nicht, ob in der Schutzstaffel gestorben wird.«

Und dann? Was ist dann passiert? Bisher sind es Präliminarien, wenig liebenswürdig zwar, aber man schleicht um den heißen Brei wie bei Anstandsbesuchen, man wartet ab, sie warten ab, warten auf die Frage, die unweigerlich in ihre Teller fallen wird. Sie kommen ihr nicht zuvor, hat Klara gesagt, sie muß es selber tun.

»Und die Wohnung?«
Die beiden: »Wir haben es hingekriegt. Es war nicht einfach, auch das nicht. Alles, einfach alles war schwer. Trotzdem haben wir es geschafft, sie zu kaufen... es war für Gisela und Markus, mit ihren vier Kindern, du weißt schon. Diese Wohnung war viel zu groß für eine Person allein, also, schon komisch, fanden wir. Bis 41, das war unglaublich, vor allem in ihrer Situation. Dein Vater muß sie geschützt haben, anders konnte das nicht sein. Unsere Gisela, die hatte nur fünf Zimmer. Und wir mit unserer Wohnung, das braucht man auch, wenn die Kinder zu Besuch kommen, siehst du, Klara.«

Klara nimmt sich Zeit, mir in Erinnerung zu rufen, wer Gisela war. Sie war ebenso dunkel wie ich blond. Eine echte Arierin, sagt Klara hämisch. Nach 35 hat sie nicht mehr mit mir gesprochen, aber sie war nicht bösartig, eher schüchtern, man ging sich aus dem Weg, um sich nicht zu stören.

Ich selbst habe keinerlei Erinnerung an dieses Mädchen. Klara kam meistens zu uns, wahrscheinlich bin ich ihr nicht oft begegnet.

Klara: »Mitsamt den Möbeln.«

Die beiden: »Wo sollten wir denn hin damit? Eigentlich mehr um sie zu retten, haben wir alles zusammen genommen, aber du sollst nicht glauben, im Preis war alles inbegriffen.«

Klara: »Sie haben Belege, nehme ich an.«

Die beiden: »Ja natürlich, die Papiere können wir dir zeigen.«

Die Frau ging sie suchen, sie wühlte in Mamas Sekretär, in Mamas Zimmer, sagt Klara, ich habe das Geräusch erkannt. Ich dachte ich fall' um, du weißt schon, einfach bewußtlos. Ich muß ihnen Angst gemacht haben, sie haben gesagt, setz' dich doch Klara, aber ich habe durchgehalten. Ich habe gesagt, zeigen Sie mir den Kaufvertrag. Ich habe fast alles gelesen und nichts behalten. Es war lang. Ich erinnere mich nicht an die Summe, aber sogar mir, die ich keine Ahnung habe, schien sie lächerlich gering. Ich habe gesagt, Sie lügen, eine Acht-Zimmer-Wohnung, möbliert, zum Preis von einem Zimmer, das ist ausgeschlossen. Sie hätten meiner Mutter wohl helfen können, Ihrer guten Nachbarin, sie war doch Ihre gute Nachbarin, ein gutes Geschäft, nicht wahr?

Die beiden: »Nun reg' dich doch nicht auf, Klara. Sicher, es war nicht teuer, aber auch das mußte man können, in dieser Zeit vor allem, und du machst dir keine

Vorstellung von der Ausgleichssteuer, die wir bezahlen mußten, siehst du, du versteigst dich da in etwas, aber wir sind ehrliche Leute und korrekt. Im Grunde ist es nur gut, daß wir es sind mit dieser Wohnung, besser als andere, immerhin kannten wir euch doch, das ist nicht wie bei Fremden, wir haben nichts geändert, siehst du.«

Klara: »Sie haben den Beleg für die Ausgleichssteuer.«

Da haben sie gestutzt, und dann ist sie, die Frau, in Margarethes Zimmer zurück. Ich habe wieder das Geräusch des Sekretärs gehört, sagt Klara. Es dauerte ungefähr zehn Minuten. Während dieser Zeit hörte er, der Mann, nicht auf zu sagen, wie gut es letztlich doch sei, und daß sie im Grunde, unterm Strich, gut dabei weggekommen waren, sie beide, und sie, sie sollten doch Freunde sein. Er schwatzte.

»Du hast sicher noch Fräulein Kuntz gekannt, sie wohnt ganz allein da oben, noch schwerhöriger als früher, erinnerst du dich an sie? Fräulein Kuntz? Außer ihr ist niemand hier. Gisela ist mit den Kindern in unser Haus in den Bergen gefahren, das war sicherer für sie, sie hat gut daran getan. Die Bombardierungen waren grauenhaft, ein Wunder, daß wir überlebt haben, aber es war besser, dazubleiben, wegen der Plünderungen. Wir hatten vorgesorgt, der Keller ist prima in Schuß, wir können ihn dir zeigen, wenn du willst, du erkennst ihn nicht wieder, du kanntest den Keller doch?«

Klara hätte geantwortet, ich kenne alle Keller.

Spätestens in diesem Moment muß er wohl begriffen haben, daß Klara ihr Spiel nicht mitspielte.

Als sie, die Frau, ohne etwas wiederkam, sagte sie, ich will mich jetzt, wo du da bist, nicht länger mit Suchen aufhalten, aber mach' dir keine Sorgen, wir finden ihn bestimmt.

Noch später.

Die beiden: »Beruhige dich, Klara, jedenfalls hat alles seine Ordnung. Das Gesetz ist auf unserer Seite, ob du willst oder nicht, und wir werden das Gesetz nicht heute ändern, das war der Preis damals, nicht mehr und nicht weniger, du kannst nichts daran ändern. Und jetzt, wenn du sie zurückkaufen willst, kann man darüber reden, nur mußt du dich auf eine Angleichung gefaßt machen, die Zeiten sind noch hart, und mit der Wohnungsnot, wie du dir vorstellen kannst, steigen die Preise, das glaubst du wohl, aber wir werden das schon hinkriegen, Klara... schließlich haben wir dich schon gekannt, als du noch ganz klein warst, und deine arme Mutter und...«

Klara: »Die Zeiten ändern sich, um die Preise hochzutreiben, die Zeiten ändern sich nicht, um Diebstahl rechtsgültig zu machen, und selbstverständlich handelt es sich hier um Diebstahl. Im Finanzministerium waren Sie gut plaziert, um es zu wissen.«

Die beiden: »Aber nein doch, aber nein, und wen sollen wir wohl bestohlen haben, Klara? Den Staat, wenn schon. Das war Staatseigentum geworden, aber du, du hast das alles vergessen, du warst nicht da, man konnte dich nicht erreichen, denn du, du warst ja in Frankreich, du hattest deine Ruhe, während wir hier, also, unsere beiden Söhne bei der Armee und unser Schwiegersohn auch, das war nicht einfach, und Gisela mit ihren vier Kindern, da siehst du, wie es war, und unsere Söhne haben auch Kinder bekommen, man muß schon nachdenken, Klara, nicht immer nur von einer Seite.«

Klara: »Sie könnten wenigstens den Anstand haben, mir die Differenz zwischen dem tatsächlichen Wert und dem, was Sie bezahlt haben, anzubieten. Das wäre das Mindeste. Statt dessen wollen Sie mir meine eigene Wohnung mit Spekulationsgewinn verkaufen.«

Die beiden: »Du unterstellst aber wirklich das Schlechteste, Klara! das ist keine Art, sich vernünftig zu unterhalten. Alles, was wir sagen und was wir getan haben, ist absolut korrekt, hörst du, korrekt. Wir haben keine zweifelhaften Überschreibungen gemacht wie so viele andere, alles ist nach Vorschrift, das kannst du uns glauben, aber getan ist getan, ordnungsgemäß bezahlt und unterschrieben... du hast sicher in Frankreich Vermögen, wie wir deine arme Mutter kannten, vorsorgend und alles, wird sie dich nicht mit nichts zurückgelassen haben, und du hast noch deinen Vater, das hast du doch gesagt, oder, er wird dir helfen können...«

Klara: »Sie wissen, wo ich herkomme.«

Die beiden: »Nein, aber du mußt auch ordentlich was durchgemacht haben wie wir, wenn man deinen Zustand sieht...«

Klara: »Oświęcim, das kennen Sie.«

Die beiden: »Nein... Polen?«

Klara sagt ihnen den deutschen Namen. Sie wirken etwas betreten.

Er oder sie: »Das war sicher nicht komisch... aber jetzt ist es vorbei, und du hast es schließlich überstanden, das ist die Hauptsache. Glaubst du nicht Sarah?«

Klara hat gesagt, ich glaube es war an dieser Stelle des Berichts, den ich ungefähr der Reihe nach ins reine zu schreiben versuche, mir scheint also, daß sie genau in diesem Moment gesagt hat:

»Ich habe nichts mehr gesagt. Ich sah die beiden intensiv an. Ich weiß nicht, ob es Haß war, aber während sie auf mich einredeten, während sie fortfuhren um die Wette zu plappern, in diesen letzten Minuten habe ich den Entschluß gefaßt. Ohne sie aus den Augen zu lassen, habe ich meinen kleinen Koffer auf den Tisch gehoben, habe ihn geöffnet und dabei den Deckel über den Händen gelassen, habe die Sicherung im Inneren des Koffers gelöst, sie sahen mich an ohne zu verstehen, und sehr schnell habe ich den Revolver herausgeholt und habe sie beide getötet, zuerst ihn, dann sie, alles sehr sehr schnell. Er fiel zu Boden, ich habe eine Kugel in den Kopf hinzugefügt, sie, die Frau, sank auf den Tisch, ebenfalls noch eine Kugel aus nächster Nähe in die Schläfe, unmöglich, daß sie davonkamen.

Danach habe ich den Schlüssel der Eingangstür von der Konsole genommen, es war der meiner Mutter, der Schlüssel mit dem kleinen glänzenden Ring, der andere steckte im Schloß. Ich habe von innen abgeschlossen und auch diesen Schlüssel genommen. Dann ging ich durch die Kammer, ließ einen der Schlüssel gut sichtbar auf der Anrichte und schloß die Dienstbotentür hinter mir ab, auch dieser Schlüssel war von meiner Mutter mit einem glänzenden Ring. Das ist alles, was ich aus der Wohnung mitgenommen habe, die beiden Schlüssel meiner Mutter. Das war in meinem Koffer, zusammen mit dem Revolver ohne Munition. Eine der fünf Kugeln war übriggeblieben, damit habe ich in einem Keller, in dem ich geschlafen habe, eine Ratte getötet.«

Ich fragte nur.

»Und seitdem, bereust du es?«

»Nein. Diese Leute haben mit viel Glück alles überstanden. Ich war nur ihr Unglück, der Bomber, der Blumentopf, der Irrläufer, der überraschte Dieb, ihr Pech eben, sonst nichts.«

Sie dachte etwas nach.

»Aber ich war nicht allein das Pech. Das Pech war die Begegnung – das Zusammentreffen ihrer Dummheit, ihres Egoismus, ihrer Scheinheiligkeit mit mir und meinem Revolver. Ich war nicht gekommen, um sie zu töten, ich wußte gar nicht, daß sie da waren, ich wußte nichts von der Geschichte. Ich wollte das Haus wiedersehen, es war ein Wunder, daß es noch stand. Berlin, um sich da zurechtzufinden... ich habe eine Woche gebraucht. Ich erkannte nichts mehr wieder, man mußte auf der Hut sein, allem mißtrauen, in den Trümmern von einer Zone zur anderen wechseln, überall Schutt und überall Ratten, Schatten, Verstörte, Verrückte, die keine Frage mehr verstanden... diese satten Leute zu sehen, fast heulend und schamlos, vor allem schamlos, unzugänglich für jede Scham, wenn ich ein Minimum an Scham, einen Zweifel, irgendein Schwanken gespürt hätte, einen ganz kleinen Riß... so viel hätte ich gar nicht verlangt... und das, das ist eben Pech, was sie in diesem Moment darstellten und was ich in diesem Moment war.«

Ein kurzes Schweigen trat ein.

»Sie sind auf ihrem Stuhl gestorben. (Sie hat sich wieder gefangen.) Sie sind auf den Biedermeierstühlen meiner deutschen Großeltern gestorben, mit vollem Magen.

Was für ein Luxus! Das ist etwas anderes als der Tod in Block 25. Das ist etwas anderes, als vergast und in den Ofen geschoben zu werden.

Ich habe ihnen einen schönen Tod geschenkt, den, der allen verwehrt war, die auf die Rampe sprangen, die vergast oder versklavt wurden, gestorben in der absolutesten Verworfenheit, in der Erniedrigung und grauenhaften Angst. Ihr Tod war nicht ekelerregend, er war schnell, ohne Furcht, ohne Krankheit, ohne Leiden. Für diese unwürdigen Leute habe ich wahr werden lassen, was alle Welt sich wünscht. Letztlich ist das nicht sehr gerecht.

Ich habe ihnen sogar einiges erspart, fügte sie hinzu, das Gericht, das Alter, die Krankheit und das Schuldgefühl. Vor mindestens drei dieser Strafen habe ich sie bewahrt! Wenn ich etwas bereue, ist es der fehlende Vorsatz. Es war eher ein Unfall als eine schöne Tat.«

Im Laufe dieses Samstagabends hat sie, während wir über dieses und jenes sprachen, gelegentlich ein Detail nachgeliefert. So hat sie außer den beiden Schlüsseln den Kaufvertrag mitgenommen, den sie anschließend sorgfältig verbrannt hat. Auch ihre Bergschuhe hat sie in der Abstellkammer hinten in der Küche wiedergefunden. Ich erinnere mich an diese Abstellkammer, manchmal haben wir uns beim Spielen dort versteckt. Es gab zwei riesige Schränke und eine große Ablage mit Skiern, Schlägern, Stöcken, Kegeln und sämtlichen Lauf- und Sportschuhen.

Es stimmt, sie hatten nichts verändert, bestätigte Klara, außer… außer dem modernen Wohnzimmer, wie sie gesagt hatten… dem kleinen Wohnzimmer… kein einziges Möbel mehr.

Margarethe hatte dieses Wohnzimmer ganz mit Arbeiten von ihren Bauhaus-Freunden eingerichtet, Möbel, Teppiche, Lampen, Vorhänge, zwei Klee glaube ich, kurz, alles was Ulrich Adler verabscheute.

Sie hat mir auch erzählt, daß sie vor dem Abschließen der Eingangstür die Türpfosten und das Schloß von beiden Seiten genau untersucht hatte. Sie hat keine Spur von Einbruch oder Reparatur entdeckt.

Ich konnte die Gründe für diese anspielungsreichen Details, was das Wohnzimmer und die Tür betrifft, nicht gleich erkennen. Danach habe ich sie allmählich erahnt.

»Mama hat Waffen verabscheut, sie konnte nie damit umgehen und wollte es nie lernen, sie mochte es nicht, wenn ich mit meinem Vater in den Waffensaal ging... sie hätte Gift genommen... wenn deine Mutter ihr welches gegeben hat, wie du mir gesagt hast... die anderen mit ihren Söhnen und dem Schwiegersohn bei der Wehrmacht, die ja, die hatten Waffen... und außerdem«, schloß sie hart, »eine so große Wohnung für eine Person allein, und das in ihrer Situation, das war schon komisch...«

Da habe ich begriffen.

Sie hat mir anvertraut, das Anzünden des Hauses sei einer ihrer Pläne gewesen, so weit vorangetrieben, daß sie einen Benzinkanister gefunden hatte, aber sie hat sich rechtzeitig an Fräulein Kuntz erinnert.

»Da siehst du mal!«, hat sie kommentiert.

Was ich im stillen mit »daß ich kein Monstrum bin« fortgeführt habe.

Sie hat es nicht gesagt.

Und dann, an diesem letzten Abend, vor dem Schlafengehen folgendes.

»Sie haben mich Sarah genannt, stell dir das vor!«

Ich habe nicht reagiert.

Dann hat sie etwas Seltsames gesagt.

»Mit dem Auslöser Sarah haben sie selbst die Sicherung an meinem Revolver gelöst.«

»Du sagst, Klara, es sei dieser Name gewesen?«

»Wahrscheinlich ja... für wie viele war das Wort ›Jude‹ der Auslöser!«

Wie soll man glauben, muß man glauben? Für wahr halten, Klaras Irrsinn, ihre Vorstellungen, ihre Wünsche wären wahr geworden.

Am Ende doch glauben.

Die Wörter in einen Schrank sperren, den Schlüssel wegwerfen und vergessen, daß es den Schlüssel und den Schrank gegeben hat.

Klara wie eine Baustelle.

Die Arbeit der Übersetzerin am vorliegenden Text wurde vom
Deutschen Übersetzerfonds e.V. gefördert.

Dieses Buch erscheint im Rahmen des Förderprogramms
des französischen Außenministeriums, vertreten durch die
französische Botschaft in Berlin.
Cet ouvrage, publié dans le cadre du programme de participation
à la publication, bénéficie du soutien du Ministrère des Affaires
Etrangères, réprésenté par le Service culturel de l'Ambassade
de France à Berlin.

Der Titel der Original-Ausgabe lautet:
Le Non de Klara

Umschlag: Tuschzeichnung von Morgan, Plouray

 2. Auflage
Gesetzt in der Janson-Antiqua von Harald Weller, Berlin.
Den Druck besorgte die Druckerei Gerike, Berlin.
Buchbindearbeiten: Lüderitz & Bauer, Berlin.
Printed in Germany ISBN 3-932109-32-5